GPT 기술은 당신을 어떻게 바꿀 것인가?

챗GPT,
당신의 삶과 비즈니스를
바꿀 이야기

챗GPT, 당신의 삶과 비즈니스를 바꿀 이야기

초판 1쇄 발행 2023년 12월 25일

지은이 강태준, 안준우, 온인선, 정명진, 정유선
펴낸이 장길수
펴낸곳 지식과감성#
출판등록 제2012-000081호

교정 김서아
디자인 이현
편집 이현
검수 김지원
마케팅 김윤길

주소 서울시 금천구 벚꽃로298 대륭포스트타워6차 1212호
전화 070-4651-3730~4
팩스 070-4325-7006
이메일 ksbookup@naver.com
홈페이지 www.knsbookup.com

ISBN 979-11-392-1525-0(03320)
값 17,000원

- 이 책의 판권은 지은이에게 있습니다.
- 이 책 내용의 전부 또는 일부를 재사용하려면 반드시 지은이의 서면 동의를 받아야 합니다.
- 잘못된 책은 구입하신 곳에서 바꾸어 드립니다.

지식과감성#
홈페이지 바로가기

일러두기

- 영화, 드라마, 애니메이션 등 영상 매체는 『 』,
  책, 신문사 등은 《 》,
  논문, 사설 등은 〈 〉으로 표기하였습니다.

- 참조 자료의 경우, 지은이(기자), 제목(기사명), 출처(신문명), 연월일, 링크 순서로 정리하였습니다.

저자 일러두기

- 본 저서는 최종 원고 수정일인 2023년 9월 말까지의 정보를 기반으로 작성되었습니다. 하지만 저자들이 미처 확인하지 못한 부분과 시간의 흐름으로 인한 사실과 진실의 차이가 존재할 수 있습니다. 이에 대해서는 개정판에서 반영하겠습니다.

- 특정 챕터에서 소개 및 제시하는 여러 정보에 대해서는 저자들이 집필하는 동안 연구 분석 과정 및 실제 사용 과정에서 발견한 것이며, 계속 변화, 발전하는 부분입니다. 따라서 이는 독자분의 모든 상황에서 맞지 않을 수 있습니다.

- 본 도서에 대하여 OpenAI로부터 출간 및 상표권 이미지 사용 등에 대하여 공식 승인과 용어 사용에 대한 가이드를 받았습니다. 하지만 OpenAI로부터 어떠한 물적 후원을 받지 않았음을 밝힙니다.

- 본 도서에 대하여 Google로부터 도서 출간 목적으로 구글 검색 결과 및 저작권 이미지 등에 대한 사용 승인을 받았습니다.

- 본 도서에 대하여 스픽이지랩스로부터 도서 출간 목적으로 회사 소개 및 저작권 이미지 사용에 대하여 승인을 받았습니다.

- 본 도서에 대하여 네이버는 도서 출간 목적으로 네이버 검색 화면에 대한 사용 승인을 불허하였으며, 이에 텍스트로 대체하였습니다.

- 본 도서에 대하여 카카오에게 도서 출간 목적으로 저작권 이미지에 대한 사용 승인을 요청하였으나 아무런 답을 받지 못하였습니다.

CONTENTS

일러두기 3
추천의 글 8

01
서문, 왜 우리들은 이 책을 쓰려고 했는가?

1 정보 취득의 대전환, 챗GPT 16
2 KNOW HOW가 KNOW WHERE을 지나 KNOW ASK로 21
3 챗GPT가 구글의 대항마로 인식되는 이유 24
4 챗GPT가 유발한 기업의 지각 변동 26
5 처음 시작하는 사람들을 위해서 28

02
생성형 AI는 무엇인가?

1 기본 작동 원리 44
2 생성형 AI 등장 51
3 생성형 AI 구성 요소, 개발 과정 53
4 생성형 AI와 기존 AI와의 차이점 58
5 지금 생성형 AI 등장한 이유 62
6 생성형 AI 종류 64
7 국내의 생성형 AI 서비스 67

03
GPT 기술은 당신의 삶을 어떻게 바꿀 것인가?

1 소설 시놉시스 · 74
2 코딩 입문 가이드 · 81
3 오늘의 셰프 레시피 · 84
4 명상 코치 · 88
5 재정 코치 · 90
6 힐링을 위한 시네마 데이 · 93
7 가이드 없는 투어 · 96
8 프라이빗 피트니스 코치 · 106
9 면접 성공 연습 코치 · 113
10 퍼스널 스타일리스트 · 118
11 진로 상담 · 121
12 해외 비즈니스 영문 편지 · 126
13 두꺼운 매뉴얼 쉽게 찾는 법 · 130
14 효과적인 질문의 팁 · 136
15 GPT 기술로 개인 생산성을 높이는 방법 · 146

04
GPT 기술은 당신의 비즈니스를 어떻게 바꿀 것인가?

1 적용 전 프리 체크 리스트 · 154
2 적용 베스트 핏 비즈니스 모델 · 158
3 적용 워스트 핏 비즈니스 모델 · 162
4 현 비즈니스 도입 프로세스 · 165
5 주요 생성형 AI 공개 플랫폼 · 171
6 마케터가 바라보는 GPT 기술 · 176
7 일본에서 경영자가 생각한 GPT 활용법 · 179
8 생성형 AI가 영향을 끼칠 산업? · 187
9 생성형 AI의 등장으로 위협받는 일자리 · 190
10 생성형 AI로 비즈니스 생산성을 높이는 방법 · 192

05
GPT 기술을 잘 도입한 선도 기업과 전략은 무엇인가?

1 GPT 기술을 잘 도입한 스타트업	200
2 GPT 기술을 잘 도입한 글로벌 기업	206
3 도입 성공의 전략	211
4 도입 후 실패의 핵심	214
5 기업의 달라진 시각	216

06
최신 GPT의 새로운 기술은? 대항마는 없는가?

1 최신 GPT의 새로운 기술	222
2 최신 GPT-4의 효용 가치	228
3 챗GPT의 대항마와 그 후보	231
4 새로운 언어 모델의 등장	234
5 챗GPT, Bing, Bard 비교 분석	237

07
챗GPT, 과연 문제없는 팔방미인인가

1 이탈리아의 챗GPT 금지 이유	250
2 국가별 윤리의 문제	253
3 사실과 진실의 차이	255
4 생성형 AI 서비스 빛과 그림자	258
5 생성형 AI 치명적인 문제들	261
6 일반 AI의 등장에 대한 제한 사항과 우려점	265
7 지나치게 높은 기대치와 실제 사용성의 차이	269

08
GPT, 또 하나의 라이징 스타인가?

1 챗GPT 앱 등장의 의미	276
2 필수와 선택의 문제	279
3 IT MBA 전공자들이 생각하는 GPT의 미래	282
4 한국이 생성형 AI 기술 및 비즈니스에 뒤처지지 않으려면	285
5 GPT 시대 창의적인 인재에게 필요한 핵심 역량	288

09
에필로그

1 에필로그 1	292
- 챗GPT에게 당부 한마디	
2 에필로그 2	295
- 저자들의 한마디(가나다순)	
참조 자료	302

추천의 글

저자들 스스로가 "Crazy Project"로 명명한 금번 출간에 추천사를 쓰게 되어 감개무량합니다. 솔직히 출판까지 이어지기가 어려울 거라고 생각했기에, 이들이 쓴 책을 손에 쥐고 있는 제 마음은 놀라움과 뿌듯함의 연속입니다.

이 엄청난 프로젝트의 시작은 2023년 1학기에 진행된 '기술경영과 전략'이라는 IT MBA 대학원 수업이었습니다. 온인선 부사장이 프로젝트 팀을 꾸려 챗GPT에 관한 책을 집필해 보겠다는 계획서를 제출했을 때, 저는 말리지 않고 한번 해 보자고 독려했습니다. 저도 생성형 AI를 주제로 책을 발간했었는데, 책을 쓰는 과정이 녹록지 않더군요. 나와 관점이 다른 사람들과 한 가지 주제로 책을 쓰는 건 혼자 쓰는 것보다 더 힘든 과정입니다. 게다가 생성형 AI를 주제로 한 책들이 서점에 홍수처럼 쏟아지기 시작해서 적당한 출판사를 찾기가 쉽지 않은 상황이었습니다. 하지만 저는 학생들의 능력과 열정을 믿었고, 무모한 프로젝트에 기름을 붓고 부채질을 하는 공모자가 되었습니다.

저는 옆에서 책이 완성되는 과정을 살펴보았습니다. 그러면서 이들이 성장하는 과정도 함께 확인할 수 있었습니다. 봄날, 새싹처럼 푸릇푸릇하던 학생들의 아이디어는 뜨거운 여름 태양 아래 구릿빛으로 탄탄해졌고, 가을에 이르러서 '출간'이라는 의미 있는 결실로 이어지고 있습니다. 계절의 변화를 온몸으로 맞으며 진한 나이테를 형성하는 올곧은 나무처럼, 금번 프로젝트를 통해 우리 학생들의 지식도 혜안도 더욱 탄탄해졌을 것으로 생각합니다. 아니, 사실 이분들의 전문성은 이미 충분합니다. 오랜 현장 경험과 MBA 전공자의 시각에서 생성형 AI가 우리들의 삶을 어떻게 변화시킬 것인가에 대해 던진 이들의 해석과 전망은 일반인은 물론 다양한 비즈니스 현장에 계신 분들에게도 도움이 될 것으로 기대합니다.

강태준, 안준우, 온인선, 정명진, 정유선…
이 다섯 명의 열정에 박수를 보냅니다.

- 이지은
한양사이버대학교 IT MBA 교수

MBA 전공자 5명이 모여서 생성형 AI 주제를 연구, 분석, 해석하여 현재 상황을 제대로 바라볼 수 있게 하고 미래를 대비할 수 있게 한다. 그것으로 뛰어난 가치가 있으며, 공저자들의 뜨거운 열정과 성과에 박수를 보낸다.

- **이택경** 매쉬업엔젤스 대표파트너
/(전)다음커뮤니케이션 공동창업자, CTO

생성형 AI는 기업 혁신의 Game Changer가 될 것입니다. 이 책은 생성형 AI에 입문하려는 분들에게 좋은 출발점이 되어 줄 것입니다.

- **윤풍영** SK C&C 대표이사

"AI 혁신의 황무지에 창조의 오아시스가 되어 줄 책"
통찰력 넘치는 분석과 실사례들이 창조의 파동을 전달해 주는 이 책은 독자들에게 AI의 황무지에서 혁신의 오아시스를 발견하는 것 같은 기쁨을 선사할 것이다.

- **이향은** LG전자 상무

생성형 AI에 대한 소개와 실생활에서의 응용에 대한 새로운 통찰력을 제시한 책이다. 새로운 기술이 발명되었을 때, 우리는 그 기술에 대한 올바른 해석을 통해서만 미래를 대비할 수 있을 것이다. 그런 의미에서 본 도서는 생성형 AI의 올바른 해석서다. 많은 기업들이 올바른 해석 속에서 또 하나의 가능성을 찾기를 바란다.

- **김현중** 연세대학교 응용통계학과 교수

스마트폰처럼 생성형 AI가 미래의 삶과 교육을 혁신할 것이다. 그렇기에 생성형 AI를 이해하고 어떻게 활용할까? 에 답이 필요하다. 이 책은 그에 대한 지혜로운 본보기가 될 것이다.

- **성종혁** 바이오 스타트업 대표
/(전)연세대학교 약학대 교수

생성형 AI를 다양한 비즈니스 현장에서 어떻게 접목을 할 것인가 그리고 일반인들에게 올바른 이해와 활용 방법을 알리는 가이드북이 필요한 적절한 시기에 이 책은 바로 그에 대한 좋은 본보기라 생각되어 출간을 기쁘게 생각합니다.

- **전희배** 일본키스코 대표
/정보경영학박사

하나의 좋은 책은 미래를 바꾸기도 하며, 여러 명이 연구하여 하나의 작품을 만드는 일은 아름답습니다. 생성형 AI의 미래를 밝게 전망하는 이유는 이러한 훌륭한 책이 있기 때문입니다. 변화무쌍한 정보 시대의 시류에 알맞은 책으로서 빠른 시일 내에 일본어 번역서가 나와 일본인들에게도 지식의 보고로 활용되기를 바랍니다.

- **신경호** (일본)고쿠시칸대학교 교수
/(한국)수림문화재단 이사

일본에서 여러 분야의 사업을 하는 대표로서 이런 지혜로운 책을 기다렸습니다. 이제는 이 책의 일본번역판이 언제 일본에 나오는지 기다립니다.

- **김효섭** 이동재팬 대표

01

서문,
왜 우리들은
이 책을 쓰려고
했는가?

구글 공식 문서에 보면 "Google's Vision Statement." 이렇게 되어 있습니다. Google's vision statement is "to provide access to the world's information in one click."(참조 01-00-1) 2023년 6월 기준 구글의 About에서는 기존과 달리 Mission Statement만 명시되어 있고, Vision Statement는 기술되어 있지 않습니다. 왜 그러한가를 생각해 봤을 때, GPT의 등장과 무관하지 않다고 생각됩니다. 오래전부터 인류는 궁금한 것이 있을 때 그 내용이 있을 법한 백과사전, 논문, 책 등 여러 방법 중 스스로 결정한 뒤, 관련 인쇄 매체를 통하여 직접 그의 내용을 알아보았습니다. 구글의 기업 이념은 이러한 인류의 전통적 정보 획득의 방법을 '관련된 정보가 있을 법한 또는 관련된 정보의 디지털 데이터'를 찾아서 알려 주는 인류의 정보 획득 방법을 바꾼 것이라고 여겨지고 있습니다.

그런데 생각해 보면 구글의 기업 이념에 명시된 것처럼 '정보(Information)'를 제공하지는 않고 정보를 접근할 '통로(Access)'를 제공한다고 생각합니다. 즉 정보가 들어 있을 법한 디지털 데이터를 제공하지만 대부분의 경우 그에 담긴 정보는 인류가 직접 찾아야 하는 디지털 형태의 또 다른 백과사전만을 제공하는 것입니다.

챗GPT는 이러한 관련된 디지털 데이터 링크 등이 아닌 실제로 인류가 필요로 하는 '정보'를 직·간접적으로 제공하는 것이기에 인류의 정보 획득 방법을 진정으로 변화시킨 것으로 보입니다. 물론 신기술이기에 불가피적 오류와 문제점이 보고되고 있지만, 인류가 특정 정보를 알고 싶으면 이제는 검색(Search)을 하지 않고, 질문(Query)을 통해 필요한 그 정보의 설명을 듣거나 보는 것이 가능할 수 있기에 매우 광범위한 변화를 예상해 볼 수 있습니다.

　다양한 비즈니스 분야에서 활동 중인 한양사이버대학원 IT MBA와 마케팅 MBA 전공자 5명은 이러한 인류의 정보 획득 방법의 큰 변화를 가져올 GPT를 다각적인 각도에서 기술, 경영, 전략이라는 테마로 6개월간 연구하였습니다. Open AI의 GPT를 포함한 MS의 Bing, 구글의 Bard 등 생성형 AI을 기술적 관점에서 해석하고, 이 기술이 현재 우리의 삶과 비즈니스를 어떻게 변화시키고 있는지 분석해 보았습니다. 나아가 우리는 이러한 변화에 어떻게 적응 및 이용해야 하는가를 경영과 전략이라는 시각에서 연구하였습니다. 이러한 연구를 기반으로 생성형 AI 기술이 가져올 미래의 변화에 대하여 어떻게 대비하는가를 고찰해 보았습니다.

　본 저서는 지하철을 기다리면서, 카페에서 친구를 기다리는 동안에, 소파에서 휴식을 취할 때 등에 에세이처럼 한 편씩 가볍게 읽을 수 있도록 적었습니다. GPT 관련한 정보는 넘쳐 나기에 각자의 삶과 비즈니스 분야에서의 도입 및 활용 사례를 토대로 요약된 좋은 정보를 다만 무겁지 않도록 제공하고자 노력했습니다. 독자 여러분도 저희와 함께 생성형 AI가 우리의 삶과 비즈니스에 어떤 변화를 가져올지 함께 고민해 주시면 감사하겠습니다.

1
정보 취득의 대전환, 챗GPT

"현재 전 세계 국가의 수는 몇 개인가?"라는 궁금증이 생긴 독자라면 이를 해결, 즉 이것에 대한 정보를 알아보기 위하여 어떻게 하는가? 2023년 4월 현재 한국의 IT 환경에 익숙한 독자라면 몇 가지 방법이 가능하다. 가장 먼저 생각나는 것은 구글링이다. 실제로 구글 검색을 통하여 위의 질문을 입력해 보면 아래의 결과를 얻게 된다.

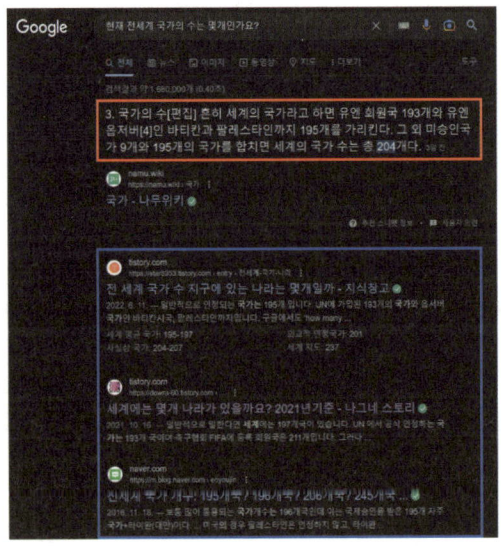

상단의 빨간색으로 표시된 것처럼 검색과 관련된 별도 요약된 문장을 표시하는 경우도 있다. 이른바 '스니펫'으로 표시하기도 한다. 계속 구글의 검색 엔진이 고도화되면서 추가된 기능이다. 구글의 공식 설명에 따르면 스니펫은 '페이지로 연결되는 링크가 아닌 앞쪽에 배치하여 검색 결과를 표시하기도 하며, 사용자가 정보를 더 쉽게 찾는 데 이 형식이 도움이 된다고 판단하면 추천 스니펫을 표시한다. 모바일에서 또는 음성을 검색하는 사용자에게 특히 유용하다.'라고 명시하고 있다.

구글은 왜 이러한 스니펫 기법을 이용하여 정리된 정보를 제공하는 것일까? 인류가 정보를 검색하는 방법에서 모바일이나 음성 검색을 사용하는 경우가 많아졌는데, 이러한 경우에 관련 링크가 아닌 실질적 관련 정보 제공이 절실하기 때문이다.

그럼 한국의 대표적 검색 엔진인 네이버에서 동일한 질문을 하면 어떤 정보를 알려 줄까? 조회하는 현재 시점(2023년 5월) 첫 번째 나오는 정보는 전 세계 국가의 수와 무관한 코로나 질병 관련이고, 두 번째는 넷플릭스 관련이다. 세 번째, 네 번째에 그와 관련된 링크와 질문한 일부 단어가 들어가 있는 부분만 보여 준다. 이에 대한 해석은 이 책의 주제가 아니기에 하지 않는다.

그렇다면 과연 챗GPT는 동일한 '질문'에 대하여 기존의 링크 정보가 아닌 어떤 '답'을 할까?

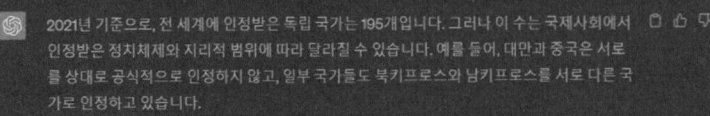

우리가 진정 궁금해했던 것은 이것이 아닌가? 우리는 왜 그동안 정보가 아닌 정보의 색인표에서 헤매고 있었던 것일까? 챗GPT의 답을 자세히 들여다보면 우리가 궁금한 질문을 정확히 이해하고, 나아가 그의 답변에 대하여 최대한 정확한 지식이나 정보를 문장의 형태로 제공하고자 노력함을 알 수 있다. 물론 중요한 부분이 있다. 상기의 답변이 진실이나 사실인지는 알기 힘들다.

우리는 우리의 지식이나 정보가 이른바 정답임을 의미하는 진실이나 사실이라고 오해 또는 착각을 하게 되는데, 지식이나 정보라는 것은 시간의 흐름에 따라 많은 경우 참에서 거짓으로 해석된다. 따라서 챗GPT가 알려 준 지식, 정보들이 절대적 진실과 무변의 사실과 거리가 있음은 주의해야 한다. 상기의 예도 2021년 기준임을 명시하고 있다. 이에 대해서는 나중에 자세히 다루게 된다.

챗GPT에 직접 투자를 하고 그를 탑재한 MS의 Bing에서는 어떻게 답을 할까?

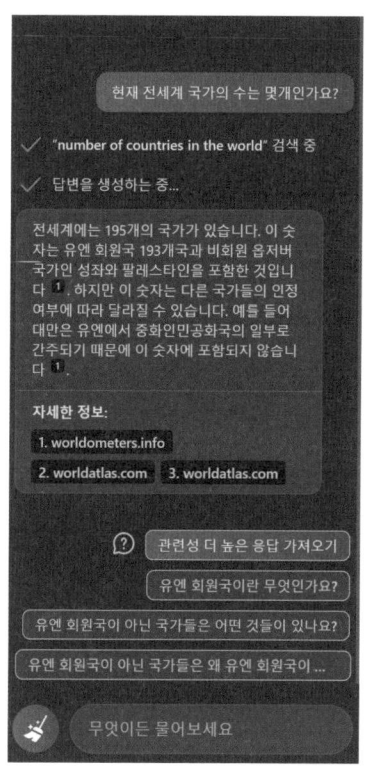

　차이가 느껴지는가? 하이테크 산업의 특징은 후발 기업이 선발 기업의 부족한 것을 채우면서 성장하는 것이기에 간혹 후발이 되는 게 오히려 강점이 되기도 한다. Bing의 경우에는 정보를 문답의 형태로 알려 주면서 그에 대한 소스와 그와 관련된 추가 질문들을 제시하면서 좀 더 정확한 정보를 알려 주려고 노력한다. 챗GPT 또는 Bing에 대하여 비교를 사용자 입장에서 나중에 다루겠지만, 어느 방식이 더 좋은가는 본 저서에서의 핵심 주제는 아니다. Bing도 챗GPT를 이용하는 것이고, 그의 핵심 기술인 챗GPT가 인류의 정보 획득 방법의 대전환을 가능하게 한 핵심 주제인 것이다.

이제 인류의 정보 획득의 방법에 있어 대전환이 시작되었다. 다양한 형태로 수많은 정보가 넘쳐 나는 정보 홍수 시대에 있어서 기존의 큰 걸림돌이었던 정보를 찾아 헤매는 이른바 정보 방랑자에서 진정한 정보 이용자가 될 수 있는 길이 열린 것이다.

2
KNOW HOW가
KNOW WHERE을 지나
KNOW ASK로

노하우.
옥스포드 사전에 아래와 같이 설명되어 있다.

노:-하우, know-how
명사
제품 개발/제조 등에 필요한, 핵심적 기술이나 지식 등의 비밀 정보. 흔히, 기술 도입의 경우에 중요한 교섭 대상이 됨. 기술 정보.
어떤 분야에서 오래 종사함으로써 얻어지는 유용한 경험이나 기술. 미립. 비결.
순화어는 '비결', '기술', '비법', "운전의~"

산업화가 고도화되면서 정보를 취득하는 방법이 다양해지고, 정보의 범위 또한 광범위해졌다. 그러기에 이른바 단순한 지식이 아닌 관련 노하우를 갖고 있는 것이 더욱 중요한 시대가 되었고, 따라서 개인의 능력을 가늠할 수 있는 포인트로 관련 '노하우'를 이야기하기도 한다. 노하우가 중요한 능력 요소로 인정되는 것은 그것이 핵심 정보이고, 그것을 확보하기까지 시간이 걸리기 때문이다. 다양한 분야에서의 관련 정보를 취득하기도 어려운 시기가 있었고, 그것을 실제로 업무로 활용하며 그 과정에서 핵심적인 유용한 지식, 경험 등을 쌓는 것은 어려웠기 때문이었다.

그러나 관련 노하우들을 다양한 디지털 형태의 정보로써 공유하는 것들이 일상화, 관대화되고, 그러한 노하우 디지털 정보들을 통하여 예전보다 노하우에 접근하고 획득하는 시간이 좀 더 단축되는 시기가 되었다. 즉 노하우가 보통의 정보로서 광범위하게 확산되는 시기가 된 것이다.

예를 들어 '잘 익은 수박을 고르는 법'을 예전에 알려면 오래전에는 본인이 여러 번 수박을 고르고 먹으면서 노하우를 쌓거나, 과일 가게 사장님 등 이를 잘 아는 분에게 물어보고 배워서 확보하였었다. 요즘에는 어떠한가? 검색창을 이용하여 '잘 익은 수박 고르는 법'을 이용하면 수많은 관련 노하우가 담긴 디지털 정보, 즉 문서나 동영상 등을 손쉽게 접근 및 확보할 수 있다.

노하우(KNOW HOW) 시대가 이른바 노웨어(KNOW WHERE) 시대가 된 것이다. 이제는 어떠한 노하우 정보가 필요하면 관련 정보가 어디(WHERE)에서 찾아, 구할 수 있는지를 알고 있는지가 또 하나의 능력을 평가하는 요소로 인정받고 있다. 하나의 포털, 하나의 웹 사이트, 하나의 동영상에서 모든 것들을 담을 수 없기에 관련 정보가 어디에 있는지를 확보하는 것이 또 하나의 중요한 경쟁력 요소가 된 것이다.

그럼에도 불구하고 인류에게는 관련 정보를 획득하기 위해서는 어디(WHERE)를 찾아야 하는가 하는 문제가 여전한 숙제였다. 나아가 관련 디지털 정보를 찾은 뒤에는 그를 본인의 정보 또는 노하우로 만들기 위해서 이른바 본인만의 습득 시간이 반드시 필요하였다. 즉 관련 정보가 어디 있는지 찾는 것에 대해서는 수월해졌지만 여전히 그 정보가 내 것이 되는 것은 또 다른 숙제였던 것이다.

챗GPT가 등장한 지금은 어떠한가? 노하우라고 여겨질 정도의 고급 정보를 찾는 것은 물론, 그것을 나의 필요에 따라 요약하여 정리해 주는 것, 즉 나의 정보 습득 시간까지도 줄여 주고, 경우에 따라서는 곧바로 관련 정보를 제공해 주는 시대가 된 것이다. KNOW WHERE 시대를 지나 이제는 내가 궁금해하는 것을 정확히 물어보기(ASK)만 한다면 그것에 대한 정보, 노하우를 제공받을 수 있는 KNOW ASK 시대가 된 것이다.

이제는 누가 정보를 잘 아는가를 지나 정보를 잘 찾느냐가 아니라 '누가 질문을 잘 하는가?' 시대가 열린 것이다. 당황스러운가? 아니면 흥분되는가? 너무 걱정 마시라. 인류를 불편하게 하는 기술은 언젠가는 퇴보하기 마련이다. 질문 자체가 불편하다면 그것을 해결하기 위한 방법들이 등장할 것이고, 어느 누구나 어렵지 않게 질문을 하면서 정보를 획득하는 시대가 올 것이다.

3
챗GPT가 구글의 대항마로 인식되는 이유

네이버, 다음, 야후, 라이코스, 드림위버, 프리챌 등 포탈 검색 사이트들이 흥행하던 시절이 있었다. 많은 포털 사이트들이 있음에도 불구하고 사람들은 다양한 콘텐츠를 찾으며, 네이버, 다음을 제외하곤 많고 많던 포털 사이트들은 사람들의 기억 속으로 사라져 갔다. 2003년 3월 구글이 한국에서 서비스를 시작하면서, 뉴스, 콘텐츠, 다양한 정보를 제공하는 포털 사이트에 익숙해져 있는 사람들은 어색하고 불편하다고 하는 사람들이 많았다. 그러나 검색 엔진 분야에서 만큼은 혁신적인 기술과 서비스를 제공하여 사람들의 정보 창구로 자리 잡았다. 막대한 양의 정보를 검색하고 정확한 검색 결과를 제공하는 데에 있어서 매우 효과적이었고, Gmail, Google Drive, YouTube, Google Sheet 등 다양한 서비스를 확장하면서 사용자의 다양한 정보 필요에 부응하고 있다.

최근에 구글 이외 기술 회사들도 검색 엔진 분야에서 경쟁을 벌이고 있고, 구글 이외 네이버, 다음, Bing 등의 검색 엔진이 존재하며, 인공지능 기술이 발전함에 따라 새로운 검색 엔진 기술이 출현하고 있다.

막대한 양의 정보를 AI가 학습함으로써 현재 챗GPT라고 하는 Generative AI, 즉 생성형 AI가 탄생하였고, 그 기술을 활용한 서비스로 챗GPT가 사람들에게 공개됐다. 챗GPT가 공개됨에 따라 구글과는 차별적인 방식의 대화 형태의 서비스를 제공하고 있고, 기존에 포털 사이트 또는 구글 검색을 이용하여 다양한 자료를 수집하고, 수집한 자료를 가지고 취합하여 또 다른 하나의 자료를 만드는 데 많은 시간을 소비하고 있다. 챗GPT가 나온 지금은, 검색하고 정답을 찾는 데 허비되는 시간을 줄여, 챗GPT에게 무엇이든 물어보면, 창의적으로 결과를 생성하여 정보를 사람들에게 제공하고 있어, 다양한 분야에서 관심을 기울이고 있다.

4
챗GPT가 유발한
기업의 지각 변동

생성형 AI는 단순히 기술적인 측면뿐만 아니라 생성형 AI(Generative AI) 기술을 활용하여 기존의 기업 경영과 전략을 달리하여 마케팅, 영업, 고객 서비스, 제품 개발 등 다양한 분야에서 혁신을 이룰 수 있도록 충분히 활용될 수가 있다.

예를 들어, 기업이 맞춤형 마케팅 캠페인을 만들고, 잠재 고객을 타깃팅하고, 고객 서비스 경험을 개선하며, 새로운 제품과 서비스를 개발하는 데 사용할 수 있을 뿐만 아니라 기업이 데이터를 분석하여 예측 모델 생성하고 의사 결정을 개선하는 데 사용될 수 있어서 기업의 운영 자동화로 효율성을 개선하고 비용을 절감 효과를 가져다줄 것이다. 이에 따라 기업 내부에서는 이를 활용할 수 있는 인력과 시스템 구축도 필요해 보인다.

여러 연구 결과에 따르면 생성형 AI의 활용은 신약 개발, 업무 혁신, 일자리 변화 등 다양한 영역에서 기업과 경영에 긍정적인 영향을 줄 수 있을 것으로 예상된다. 특히, 신약 개발은 큰 비용과 시간이 소요되는 작업인데 생성형 AI를 활용하여 약품 개발에 필요한 시간과 비용 절감에 매우 효과적인 역할을 할 수 있다.

Bing의 Image Creator가 만든 '생성형 AI와 기업 경영 전략' 이미지

또한, 생성형 AI는 기업의 업무 혁신에 기여할 수 있다. 예를 들어, 생성형 AI를 통해 텍스트를 이미지로 변환하는 기술을 개발하여 이미지 생성 작업을 자동화할 수 있어서 시간과 비용을 절감하고 생산성을 향상할 수 있는 효과적인 도구로 활용될 수 있다. 그리고 일자리 변화에도 영향을 줄 수 있다. 이미 생성형 AI 프로그램인 챗GPT와 같은 모델이 업무 현장에 도입되어 화이트칼라 일자리에 변화를 가져왔으며, 이러한 변화는 일부분의 단순노동이 자동화되고, 업무의 수준이 개선됨에 따라 발생하고 있다.

이러한 결과들을 종합해 보면, 생성형 AI는 단순한 기술적인 측면을 넘어서 경영과 기업 전략에도 영향을 미칠 수 있는 가능성을 가지고 있다. 기업은 이러한 기술의 발전을 주시하고, 적절히 활용하여 경영 및 기업 전략의 혁신과 성과 향상에 적절히 활용할 것으로 보인다.

5
처음 시작하는
사람들을 위해서

챗GPT, Bing Chat, Bard를 사용하려면 각각의 사이트에 접속하여 로그인 후 사용을 할 수 있다. 아이폰 유저의 경우 애플리케이션이 출시되어 앱스토어에서 다운로드하여 사용이 가능하다. 아래 내용은 초보자들을 위해 간단하면서도 따라서 이용하기 쉽게 설명해 두었으니, 사용할 줄 아는 유저라면 가볍게 넘어가도 된다.

챗GPT 사용하기

www.openai.com을 접속한다.

챗GPT에 로그인하는 방법은 위 화면에 "Try 챗GPT"를 누른다.

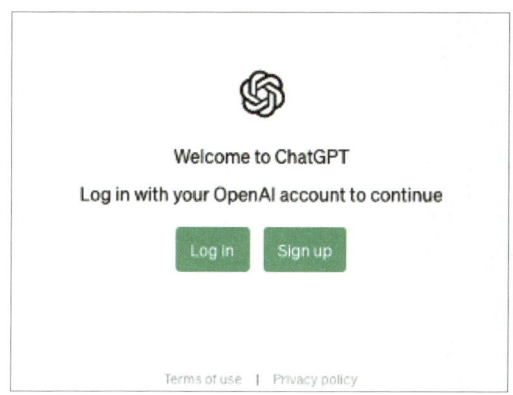

이미 회원가입이 되었다면 Log In 버튼 클릭하여 로그인을 하고, 회원가입이 안 되어 있다면, "Sign up"을 클릭하여 회원가입을 진행한다.

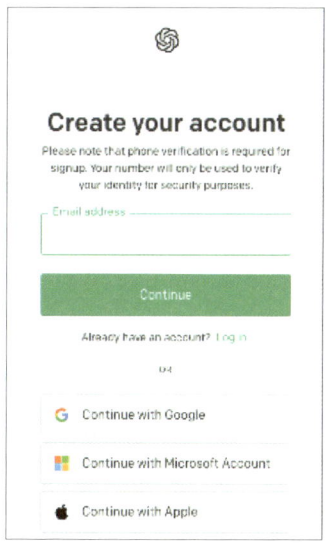

회원가입 하는 화면은 위와 같다. Google 계정이 있다면 간단하게 가입이 가능하다.

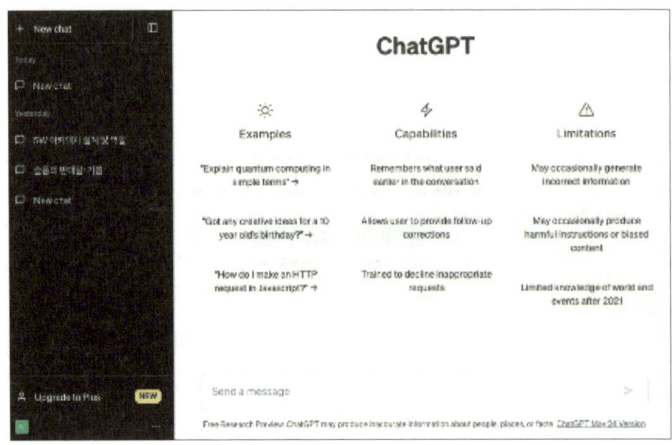

회원가입이 완료되면 챗GPT를 사용할 수 있다.

Bing 사용하기

Bing의 경우 MS사에서 지원하는 브라우저만 사용이 가능하다. 윈도우 유저라면 기본적으로 엣지 브라우저가 탑재되어 있지만, 맥 유저라면 별도로 엣지를 설치해야 사용이 가능하다.

Bing 사용방법은 다음과 같다.

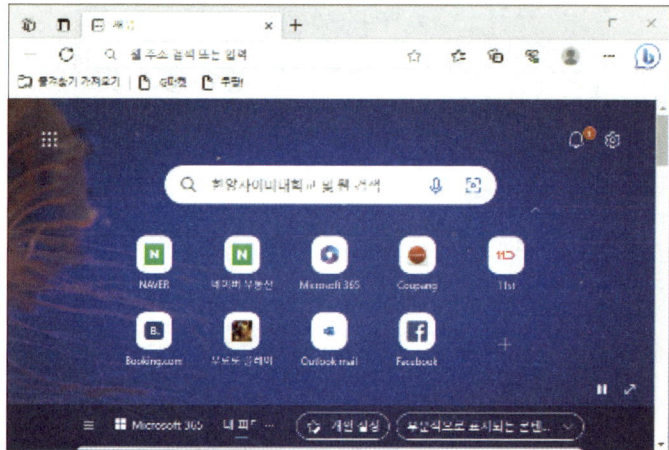

엣지 브라우저를 실행 후 우측 상단에 … 옆 아이콘을 클릭한다.

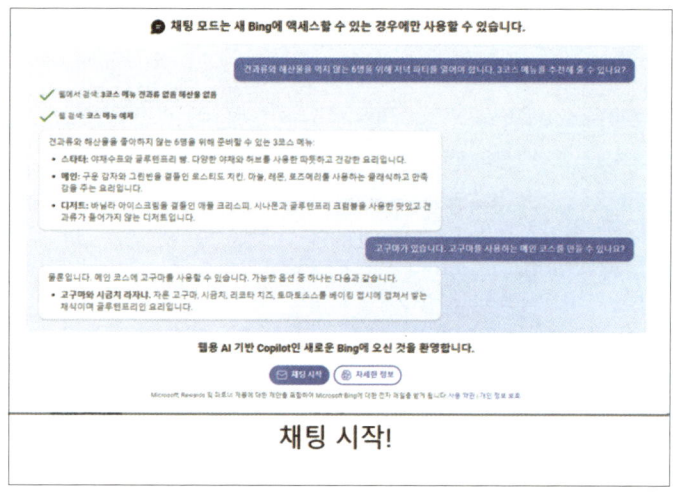

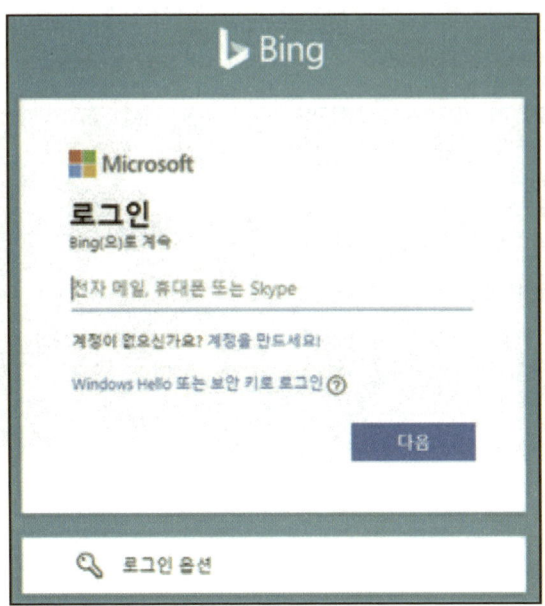

로그인 또는 가입하기

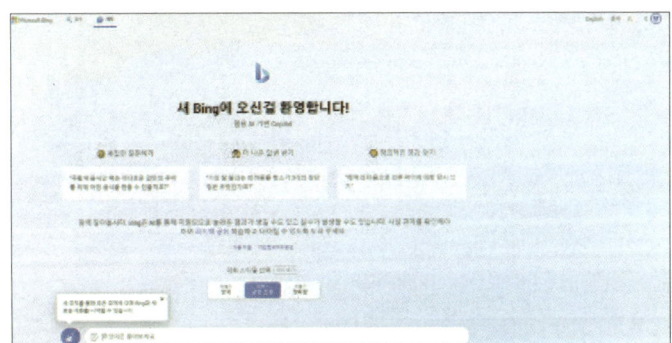

Bard 사용하기

Bard는 구글에서 제공하는 챗GPT와 같은 AI 서비스다. https://bard.google.com/로 접속한 후에, 구글 계정을 이용하여 로그인 후 사용하면 된다.

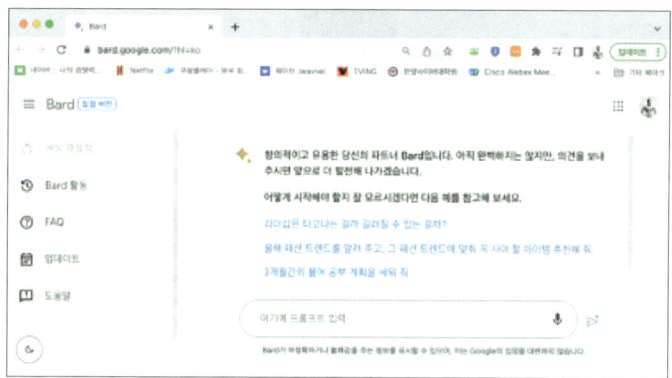

스마트폰을 통해 챗GPT를 사용하는 방법

앱스토어(App Store)에 접속한 후 "ChatGPT"를 검색한다.

다운로드가 완료되면, ChatGPT를 실행한다.

웹사이트를 통해 회원가입을 이미 했다면, 로그인을 하고, 회원가입을 하지 않았다면, 회원가입을 한 후 로그인을 하면 사용이 가능하다.

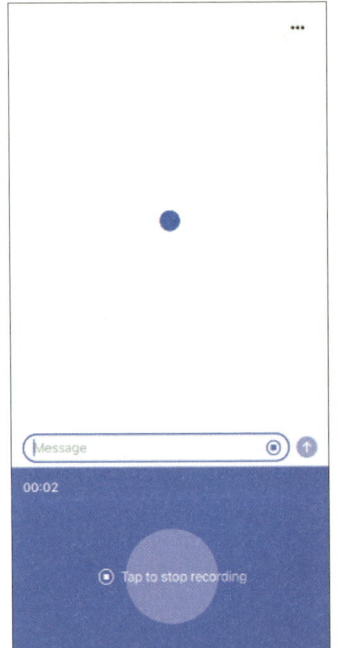 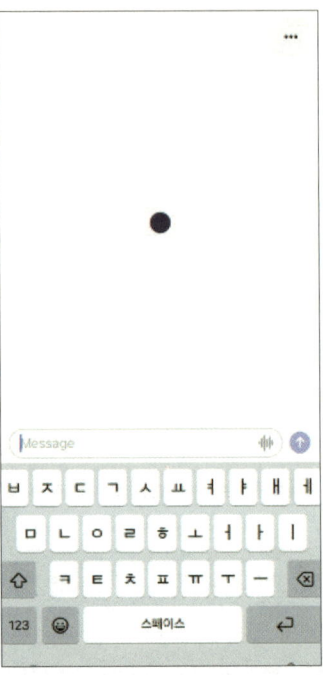

스마트폰 마이크를 통해서 Message를 음성으로 입력이 가능하지만, 챗GPT의 경우 [🎤]를 눌러서 오른쪽에 그림과 같은 상태로 음성 명령을 통해 이용이 가능하다.

크롬에 챗GPT 추가하기

컴퓨터 크롬이 설치되지 않았다면, 구글에서 제공하는 브라우저인 크롬을 먼저 설치해야 한다.

크롬을 설치했다면 검색란에 "ChatGPT for google"을 검색한다.

위 그림과 같이 구글에 검색해서, 첫 번째 나오는 ChatGPT for Google을 클릭하여 접속한다.

또는 https://chrome.google.com/webstore/ 접속하여

스토어 검색에 "ChatGPT"를 검색한 후에 "ChatGPT for Google" 클릭한다.

"Chrome에 추가" 클릭하면 아래와 같은 메시지가 뜬다.

"확장 프로그램 추가" 클릭.

크롬에서 우측 상단 점 세 개를 클릭 > 확장 프로그램 > 확장 프로그램 관리로 이동.

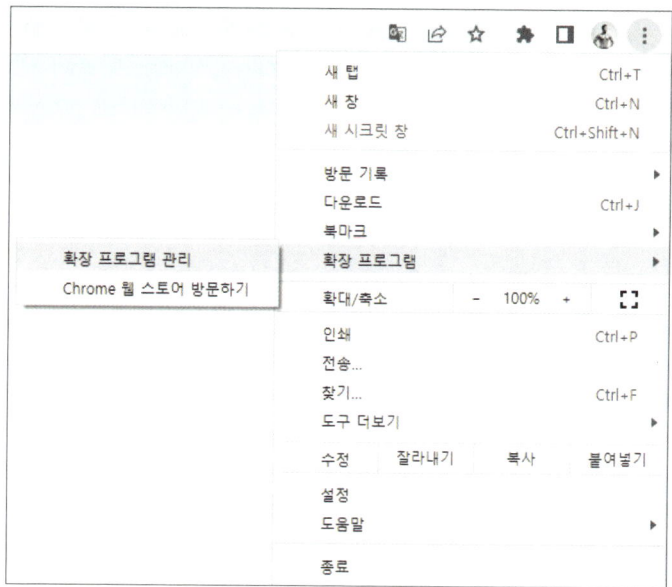

세부 정보 클릭.

하단에 확장 프로그램 옵션 클릭.

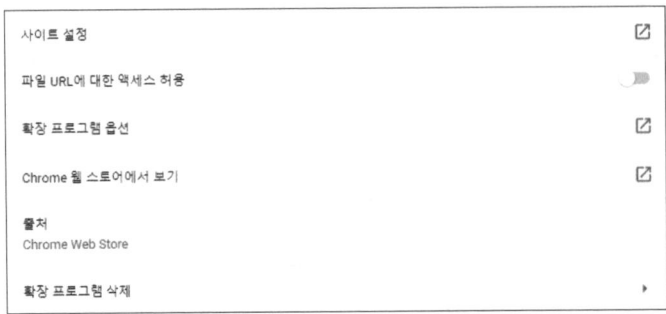

Language에 기본은 Auto로 되어 있으나, 선택하여 한국어로 변경한다.

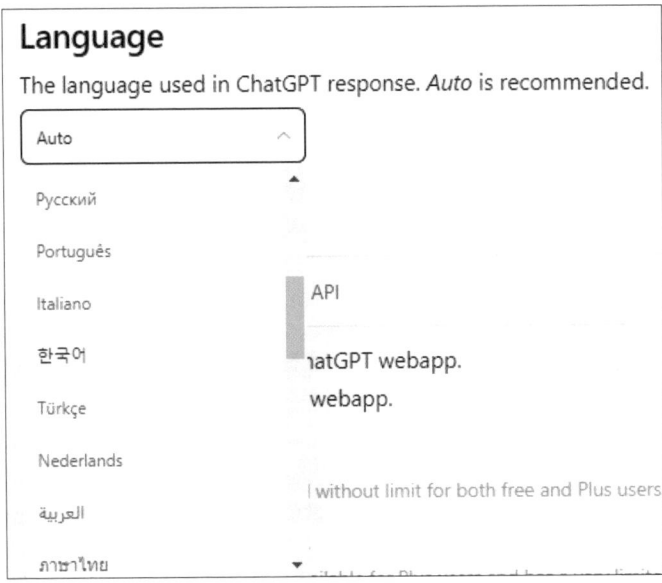

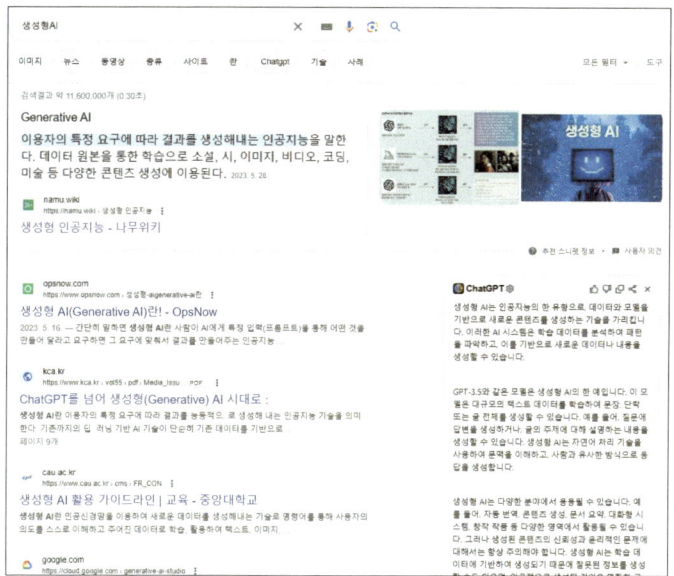

크롬을 통해 검색 시 우측에 ChatGPT 검색 결과를 확인할 수 있다. 크롬에 플러그인을 추가한 것이기 때문에 네이버 같은 포털 사이트에서도 지원을 한다. 아쉽게도 저자들이 책을 쓰는 2023년 7월 시점에 다음은 지원이 되지 않는 것 같다.

02

생성형 AI는 무엇인가?

1
기본
작동 원리

2023년에 강타한 챗GPT를 시작으로 MS사의 Bing챗, 구글의 Bard 같은 생성형 AI가 사람들에게 주목받기 시작했다. 이러한 생성형 AI의 기반 중 하나인 대규모 언어 모델(Large Language Model)이 있다. 대규모 언어 모델은 인간이 사용하는 언어를 입력받아 내용을 이해하고, 예측하여 답변을 사용자에게 전달하는 것이 특징이다. 이러한 자연어 응답을 생성하려면 대규모 언어 모델은 방대한 양의 텍스트 데이터에 대한 훈련이 필요하다.

생성형 AI가 인간의 언어를 처리하는 데 있어서 대규모 언어 모델에서 사용되는 주요 기술에는 단어 임베딩(Word Embedding), 어텐션 메커니즘(Attention Mechanisms), 트랜스포머(Transformers) 등이 있다.

단어 임베딩은 단어를 숫자로 표현하는 방법으로, 단어와 단어 사이의 의미적 관계를 이해하는 데 도움이 된다. 단어 임베딩에는 여러 가지 방법이 있나. 가상 일반적인 방법은 단어의 주변 단어를 사용하여 단어를 표현하는 것이다. 예를 들어 "Cat"은 "The Cat", "The black Cat", "The cat sat on the mat"와 같은 단어로 둘러싸여 있다. 이 단어들은 모두 "Cat"과 관련이 있으므로, "Cat"을 숫자로 표현할 때 이 단어들을 사용하여 표현할 수 있다.(참조 02-01-1)

어텐션 메커니즘은 입력 데이터의 특정 부분에 더 많은 가중치를 부여하여 입력 데이터를 더 잘 이해할 수 있도록 하는 기계 학습의 한 방법이다. 어텐션 메커니즘은 대규모 언어 모델에서 널리 사용되며, 텍스트 생성, 언어 번역 및 질문 답변과 같은 다양한 작업에 사용된다.

어텐션 메커니즘의 기본 아이디어는 입력 데이터의 각 단어에 대한 가중치를 계산하고, 가중치가 높은 단어에 더 많은 관심을 기울이는 것이다. 예를 들어, 다음 문장을 번역하는 경우, "The cat sat on the mat" 문장의 각 단어에 대한 가중치를 계산하고, 가중치가 높은 단어인 "cat", "sat" 및 "mat"에 더 많은 관심을 기울인다. 이렇게 하면 문장의 의미를 더 잘 이해하고 정확하게 번역할 수 있다.

예를 들어 구글에 "파워"라고 입력하였을 때, 하단에 관련된 검색어가 뜨는 것을 본 적이 있을 것이다. 보통 사람들이 검색을 많이 한 순으로 맨 위에서부터 정렬되어 출력이 되는데, 어텐션 메커니즘은 파워라고 입력했을 때, 뒤에 붙을 또는 이어지는 단어들이 무엇인지 나열하여 우선순위(가중치)를 주어서 하나의 단어, 또는 문장들을 만들어 보여 주는 역할을 하는 것이다.

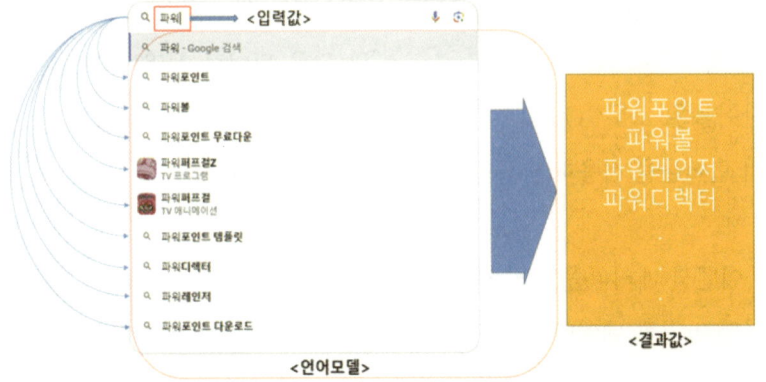

트랜스포머는 2017년 Google AI의 Vaswani et al.이 발표한 논문 〈Attention is all you need〉에서 처음 소개된 인공 신경망의 한 유형이다. 트랜스포머는 텍스트 생성, 언어 번역, 질문 답변과 같은 다양한 작업에 사용되며, 기존의 신경망 모델보다 훨씬 뛰어난 성능을 보여 주고 있다.

트랜스포머는 대규모 데이터를 가지고 학습된 언어 모델이다. 주어진 문장에서 다음 단어를 예측하는 데 사용된다. 트랜스포머는 어텐션 메커니즘을 사용하여 구동되기 때문에 밀접한 관계가 있다. 이러한 트랜스포머는 대규모 언어 모델의 핵심 아키텍처라고 할 수 있다.

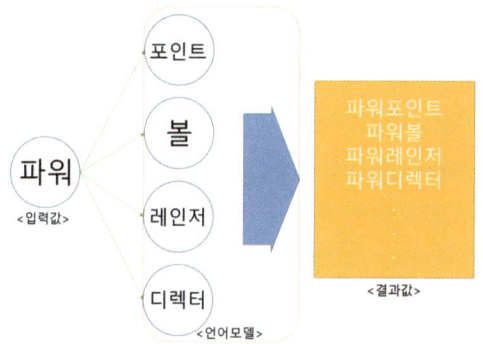

　트랜스포머는 주로 인간의 언어를 번역하거나, 챗봇, 질의응답 등에서 사용되며, 챗GPT, Bard와 같은 AI 서비스들이 트랜스포머의 기반으로 개발되어 있다.(참조 02-01-2)

　대규모 언어 모델은 수십억 단어의 텍스트 데이터로 사전 학습(Pre-Training) 된다. 사전 학습은 대규모 언어 모델이 텍스트를 생성하고, 언어를 번역하고, 질문에 답하는 데 필요한 기본적인 패턴을 학습하는 과정이다. 사전 학습 후에는 특정 작업에 맞게 미세 조정(Fine-Tuning) 된다. 미세 조정은 대규모 언어 모델이 특정 작업에 필요한 데이터로 훈련되는 과정이다. 미세 조정을 통해 대규모 언어 모델의 특정 작업을 수행하는 데 필요한 성능을 향상시킬 수 있다.

　트랜스포머를 기반으로 만든 대규모 언어 모델 중 하나가 OpenAI에서 개발한 GPT(Generative Pre-Trained Transformer)이다. 우리가 알고 있는 챗GPT라는 챗봇 서비스의 무료 버전은 GPT-3.5 버전, 유료 버전은 GPT-4로 사용하고 있는 것이다. GPT는 방대한 양의 텍스트 데이터에 대해 사전 학습을 하고, 다양한 자연어 처리(NLP: Natural Language Processing) 작업에 대해 전이 학습 될 수 있다.

GPT는 사용자의 질문에 다음에 오는 데이터들을 요약정리해서 제공하는 능력이 뛰어나다고 할 수 있다. GPT는 버전별로 사전 학습한 파라미터의 개수는 다음과 같다. GPT-1 모델의 크기는 약 125M, 예상 파라미터 개수는 약 125,000,000개, GPT-2 모델 크기는 약 1.5B 예상 파라미터 개수는 약 1,500,000,000개, GPT-3의 경우 다양한 크기의 모델이 존재하는데, "제플린" 모델을 포함한 시리즈로 가장 큰 모델은 1750억 개 이상의 파라미터를 가지고 있다. GPT-2와 비교했을 때 상당한 증가이다. GPT-4의 경우는 1조 개로 엄청난 양의 파라미터 개수라고 할 수 있다. 현재 챗GPT 무료 버전의 경우는 GPT-3.5인데, GPT-3 버전에서 성능 및 기능 면이 개선됐다 한다. GPT-3.5에서는 좀 더 심오하게 미세 조정 되어 더욱 자연스럽고 정확하고 일관된 문장 생성 능력이 개선되었다.

대규모 언어 모델은 텍스트 데이터의 다양한 특징과 구조를 학습하여 인간의 언어를 이해 및 생성 작업하는 데 뛰어난 성과를 보여 주고 있으나, 이러한 모델은 막대한 양의 계산과 데이터를 필요로 하며, 학습 및 실행에 상당한 컴퓨팅 자원이 필요하다.(참조 02-01-3)(참조 02-01-4)(참조 02-01-6)

어텐션 메커니즘 관한 TMI(Too Much Information)

논문 〈Neural Machine Translation by Jointly Learning to Align and Translate〉에 참여한 조경현 뉴욕대학교수에 관한 이야기이다. 2018년 '컴퓨터 과학계의 노벨상'으로 꼽히는 '튜링 상'을 공동으로 받은 삼인방으로 제프리 힌턴(구글 석학 연구원) 캐나다 토론토대 교수, 요슈아 벤지오 몬트리올대 교수, 얀르(페이스북 수석 AI 엔지니어) 뉴욕대 교수는 AI 차세대 스타로 조경현 교수를 지목했다.

조경현 교수가 고안한 '신경망 기계 번역'은 딥 러닝을 적용해 문장의 '맥락'을 파악해 번역하는 방식이라고 설명한다. 쉽게 설명해, 기존 기계 번역이 원문과 번역본 사이에서 '단어'가 어떻게 번역됐는지 보고, 이 데이터를 기반으로 번역하는 시스템이었다면, 단어와 어순이 비슷한 언어끼리 번역이 잘 되는데, 한국어/영어처럼 완전히 다른 언어끼리는 번역이 쉽게 표현되지 않는다. 예컨대 과거엔 '나 말리지 마'란 문장을 번역기에 돌리면 'Don't dry me'가 나왔지만, 요즘은 'Don't stop me'가 나온다. AI가 접목된 결과인데, 그 핵심 기술이 조경현 교수님이 고안한 개념에서 나왔다.

조경현 교수는 10년 넘게 헬싱키, 델트리올, 뉴욕에서 살면서 번역에 중요성을 느끼게 되었다고 한다. 비과학고등학교 출신으로 일찍이 KAIST에 입학하여 남들보다 조금은 천천히 본인이 하고 싶은 꿈을 찾아 현재에 와 있는 조경현 교수는 여러 특강들을 하면서 나온 수익 전부를 여자 공학도의 발전을 위해 조경현 교수의 어머니 이름으로 장학금을 기부하는 등 남다른 행보를 보이고 있다. 그는 대학에서 받는 월

급이면 충분히 먹고산다며, 학교 외에서 나온 수익 전부를 좋은 일에 쓰고 있다. 지금도 전 세계적으로 컴퓨터 과학 분야에 젠더(性) 불균형이 심각하고, AI에서는 '젠더 균형'이 중요하다고 그는 말한다.

AI는 간단히 말하면 알고리즘[1] 안에 데이터를 넣어서 학습하는 건데, 이 데이터가 젠더/지역 등 여러 측면에서 대표성(representation)을 갖는가가 중요하다고 한다. 편향된 데이터는 알고리즘을 반복해 거치면 편향성이 증폭이 되기 때문에, 여성과 소수 집단이 한번 배제되면 점점 더 배제되기 때문이다. 연구자 대부분이 남성으로 이루어져 있고, 그들 눈에는 이런 편향이 잘 안 보인다고 한다. '다양성'을 높이는 것이 중요하기 때문에 증폭(amplification)과 데이터 편향(bias of data) 문제가 요즘 AI에서 굉장한 화두이다.(참조 02-01-5)

---

1 알고리즘: 문제를 해결하기 위해 정의된 단계적인 절차나 규칙의 집합. 입력을 받아들여 출력을 생성하는 과정을 명확하게 정의하고, 이를 실행함으로써 원하는 결과를 얻을 수 있도록 하는 계획이나 방법.

2
생성형 AI 등장

생성형 AI는 인간의 학습, 추론, 판단, 문제 해결 등의 능력을 컴퓨터 프로그램이나 기계에 구현하여 이용자의 특정 요구에 반응하여 결과를 생성해 내는 지능을 말한다. 인터넷망에 축적된 대규모 데이터를 바탕으로 패턴을 활용하여 챗봇 서비스나 그림 생성 등 여러 분야에 활용되고 있으며 머신 러닝, 딥러닝, 강화 학습 등의 기술을 활용하여 데이터를 분석하고 모델을 학습시켜 예측을 수행할 수 있어 앞으로 더욱 발전하여 우리의 삶을 변화시킬 것으로 기대된다.

"AI"라는 용어는 1956년 다트머스 회의에서 처음으로 사용되었는데 이 회의는 AI 연구 분야의 초석이 된 중요한 이벤트로 AI 연구도 이때부터 급속도로 발전하였다. 이 용어는 그 이후로 인공적으로 구현된 지능을 지칭하는 표준적인 용어로 사용되고 있다. AI의 대가 미국의 컴퓨터 과학자 존 매카시(John McCarthy(1927~2011))는 "컴퓨팅 환경은 공공시설과도 같아질 것이다."라는 말로 컴퓨팅 자원들이 한 개인의 소유가 아니라 공공재처럼 공유를 통해 사용될 것을 예측하였다.

AI 적용 모델은 폭넓게 활용될 것으로 보이는데 자연어 처리 분야에서는 새로운 문장을 생성하거나 기계를 번역하고 음악이나 음성 분야에서는 여러 장르의 음악과 음성 데이터를 생성하며 영상 분야에서는 캐릭터나 배경 등을 생성하여 CG[2] 관련 작업을 수행할 수 있다.(참조 02-02-2)

자연어 처리 분야에서 NLTK(Natural Language Toolkit), WordNet, Gensim 등의 도구들은 자연어 처리 작업을 더욱 쉽게 수행할 수 있도록 지원한다. 음악과 음성 분야에서도 다양한 장르와 아티스트 스타일의 음악을 생성하는 OpenAI의 Jukebox, 음성을 모방하여 자연스러운 음성을 생성할 수 있는 DeepMind사의 WaveNet 등의 기술들은 음악과 음성 분야에서 새로운 창의성을 만들어 낼 것으로 예상된다.

영상 분야에서도 Pictory Synthesia, Deepbrain AI와 같은 AI 비디오 생성기는 사용자가 쉽게 고품질의 비디오를 생성하고 편집할 수 있어 영상 스트리밍의 권력과 경제성의 변화로 인해 Netflix, Tik Tok 및 Youtube와 같은 대형 플레이어들을 위협할 수 있을 것으로 보인다.

---

2 CG(Computer Graphics): 컴퓨터를 사용하여 이미지나 동영상을 생성, 편집, 소삭하는 기술 또는 분야를 의미.

3
생성형 AI 구성 요소, 개발 과정

　인간의 지능을 모방한 AI는 인터넷 또는 다른 기술과 결합하여 혁신적인 서비스와 제품을 만드는 분야로 발전해 나가고 있다. 생성형 AI는 인간의 창의력을 모사하여 자체적으로 새로운 내용을 창조하는 AI 기술로 언어 생성, 이미지 생성, 동영상 생성, 음악 생성 등과 같은 다양한 형태의 콘텐츠를 생성하는 데 사용될 수 있다.

　이는 기존 데이터를 학습하여 새로운 이미지, 음악, 또는 텍스트들을 생성할 수 있는 기술로써 창의적인 디자인과 아이디어 발굴, 그리고 효율적인 공정 개발 등에 중요한 역할을 할 것으로 기대되며 앞으로 더욱 정교하고 다양한 형태의 결과물을 생성할 수 있게 될 것으로 예상된다.

　생성형 AI는 데이터, 알고리즘, 하드웨어의 세 가지 요소로 구성되어 있다.

1. 데이터

- 데이터 수집의 중요성: 데이터, 텍스트, 이미지, 음악, 비디오 등과 같은 다양한 형태의 데이터를 이용해 새로운 데이터를 만든다.
- 기존 데이터가 바탕: 기존 데이터를 바탕으로 새로운 데이터를 만든다. 따라서 충분한 양의 기존 데이터가 필요하다.
- 데이터 수집의 중요성: 필요한 데이터를 수집하기는 어려운 일이지만 이를 잘 수행하면 놀라운 결과를 얻을 수 있다.

2. 알고리즘

- 머신 러닝 알고리즘: 생성형 AI는 머신러닝 알고리즘이 사용된다. 이를 통해 기존 데이터에서 패턴을 학습하고 새로운 데이터를 생성한다.
- 딥러닝 알고리즘의 활용: 딥러닝 알고리즘은 생성형 AI에서 높은 성능을 보인다. 이는 인공 신경망 기술을 이용하기 때문이다.
- 알고리즘의 핵심성: 생성형 AI는 뛰어난 알고리즘이 필요하다. 이를 통해 데이터에서 새로운 요소를 발견하고 예측할 수 있다.

3. 하드웨어

- 강력한 하드웨어가 필요: 학습과 생성 과정에서 대규모의 데이터와 계산 능력이 필요하다. 따라서 강력한 하드웨어가 필요하다.
- 특화된 하드웨어: 생성형 AI는 딥러닝 알고리즘을 사용한다. 따라서 GPU와 같은 특화된 하드웨어를 이용하면 효율적인 학습이 가능하다.
- 클라우드 컴퓨팅: 클라우드 컴퓨팅 기술을 사용하면 더 많은 데이터와 컴퓨팅 능력을 이용할 수 있다.

AI에 사용되는 파라미터는 딥러닝 알고리즘이 학습을 통해 최적화해야 하는 계수를 말하는데 이 파라미터의 수는 인공 신경망의 복잡성과 성능을 결정하는 중요한 요소이다.

챗봇 모델 GPT에는 여러 버전이 있는데 버전마다 파라미터 수가 다르며, 이는 모델의 크기와 복잡도를 결정하는 중요한 요소 중 하나이다. 따라서 파라미터의 수가 많을수록 인공 신경망은 더 복잡한 패턴을 학습할 수 있지만, 학습 시간이 오래 걸리고 과적합이 발생할 가능성이 커지므로 파라미터 수의 적절한 조정으로 인공 신경망이 과적합이 되지 않도록 하는 것이 중요하다.

최근에 주목받고 있는 초거대 AI는 인공 신경망의 파라미터 수를 수천억 개에서 수조 개까지 늘려서 많은 데이터와 컴퓨팅 자원이 필요하지만, 더 복잡한 패턴을 학습할 수 있게 되어 기존의 AI보다 뛰어난 성능을 발휘할 수 있게 되었다. OpenAI에서 개발한 자연어 처리 모델인 GPT는 현재까지 GPT-1, GPT-2, GPT-3, GPT-4(유료)로 버전이 나뉘어 있으며, 버전마다 파라미터 수가 증가하고 있다.

Version별 파라미터 수를 보면
- GPT-1: 117M
- GPT-2: 1.5B, 774M, 355M, 345M, 222M, 117M
- GPT-3: 175B, 13B, 6B, 2.7B, 1.3B, 760M, 570M
- GPT-4: 파라미터 수는 정확하게 밝혀지지 않았지만, GPT-3 모델보다는 훨씬 많으리라 예측된다.

위와 같이 GPT 모델은 버전에 따라 파라미터 수가 크게 다르다. GPT-3 175B 모델은 현재 세계에서 가장 큰 언어 모델이며, 1,750억 개의 파라미터를 가지고 있지만 GPT-1은 1억 1,700만 개의 파라미터를 가지고 있으므로 훨씬 단순한 모델이다.

생성형 AI는 모델의 크기가 클수록 더 많은 데이터를 기반으로 학습하고, 더 복잡한 문제를 다룰 수 있는 등 높은 성능을 보이지만 가중치의 개수가 많을수록 연산량이 커진다는 한계도 있는데, 이는 학습, 추론 시간 및 메모리 사용량 등이 늘어나는 원인이 되므로 모델을 선택할 때는 모델의 파라미터 수를 고려해야 한다.

AI의 개발 과정을 보면 아래의 과정을 거치게 된다.

1. AI 데이터 수집과 가공
- 데이터 수집과 처리(Data Collection & Processing): AI 모델 학습을 위해 필요한 데이터 수집 및 전처리 작업을 수행한다.
- 데이터 정리(Data Cleansing): 잘못된 데이터를 수정하고 노이즈를 제거하여 정확한 결과를 얻도록 한다.
- 특징 추출(Feature Extraction): 속성 추출을 통해 필요한 데이터를 선별하고, 유용한 패턴을 찾는다.

2. AI 모델 학습과 평가
- 학습(Training)

- 학습용 데이터를 모델에 입력한다.
- 모델 내부 가중치를 조정하여 결과를 개선한다.
- 모델이 학습 데이터를 정확히 예측할 수 있도록 한다.
- 평가(Evaluation)
    - 학습된 모델의 성능을 평가한다.
    - 정확도를 측정하고, 개선될 수 있는 부분을 파악한다.
    - 학습 및 평가를 반복하면서 성능을 향상한다.

3. 성능 개선을 위한 후속 작업
- 브레인스토밍(Brainstorming): 성능 개선을 위한 다양한 아이디어를 모으고 평가한다.
- 최적화(Optimization): 코드 최적화를 수행하여 모델의 예측 성능을 높인다.
- 검증(Validation): 검증을 통해 모델의 정확성을 확보한다.
- 모니터링(Monitoring): 모델의 상태와 성능을 지속해 모니터링한다.

이처럼 생성형 AI의 개발 과정은 훈련 데이터를 수집하고 이 데이터를 모델에 제공한 후 모델을 최적화한다. 그리고 최적화된 모델을 사용하여 새로운 데이터를 생성한다. 생성 AI가 훈련되면 새로운 콘텐츠를 생성하는 데 사용할 수 있으며 위와 같은 과정을 통해 생성형 AI을 개발할 수 있다.

4
생성형 AI와 기존 AI와의 차이점

　AI는 다른 IT 또는 첨단 분야처럼 신생 분야가 아닌 오랜 시간 동안 축적된 학문이다. 이미 1940년대에 AI의 가능성이 제시되었고, 학문으로 인정되었고, 1950년에 앨런 튜링에 의해 생각하는 기계의 구현 가능성을 철학적으로 제안하였다. 그 뒤에 두 번의 암흑기를 지나서 현재의 AI로까지 발전되었다. AI의 역사에 대해서는 따로 다루기로 하고, 그렇다면 우리가 알고 있고 사용해 왔던 AI 기반의 솔루션과 챗GPT는 어떻게 다른가? 일반적 AI 기반의 솔루션이 제공하는 기능은 아래의 발전 순서를 따르게 된다.

1. 분석

　AI 기반의 솔루션이 제공하는 1단계의 기능적 혜택으로 인간의 능력으로는 오랜 시간이 소요되거나 거의 불가능에 가까운 대량의 데이터를 신속히 분석한다. 100만 건이 넘는 데이터에서 어떤 유형과 형태를 추출하는 것을 과연 인간이 짧은 시간에 할 수 있는가? 신용 카드사의 수많은 고객들의 소비 유형 데이터를 분석하여 어떻게 마케팅 전략을 수립할 것인가를 과연 어떤 방법으로 할 수 있는가?

2. 예측

분석의 성공적 결과물은 제공되는 데이터의 유형을 판별하고 나아가 그의 앞으로의 추이를 가늠할 수도 있다. 이는 곧 특정 상황에서의 기존의 값들을 토대로 앞으로의 결괏값을 예측해 볼 수 있다는 것을 의미한다. 사실 예측이라는 것은 신의 영역일지 모르기에 불확실성은 역시 갖고 있으나 특정 상황이라는 경우에 대해서는 유용한 도구가 될 수 있다. 다만 여기에는 확률적인 예측이 제공된다. 특정 선수의 특정 상황에서의 안타 성공률 또는 대통령 선거에서 당선 확률이라는 것이 그의 예이다.

3. 제안

예측의 데이터가 축적이 되면 AI의 꽃이라 할 수 있는 제안의 기능을 제공할 수 있게 된다. 사실 제안이라는 기능적 요소는 다양한 경우의 수에 대하여 각각의 예측값을 신속히 가늠한 후에 그중에 최적의 경우를 선택한 뒤에 내려질 수 있는 기능이다. 예를 들어 체스와 바둑의 경우 등 선택을 해야만 하는 게임에서 최적의 선택을 제안하는 기능이 그것이다. 이것에는 기존의 분석, 예측과 다른 알고리즘이 추가로 사용되는데 이는 예측해야 하는 수많은 경우를 어떻게 줄일 수 있는가가 속도와 정확성 있는 제안을 만들 수 있는 중요 요소이기 때문이다.

그렇다면 챗GPT는 상기의 기존 AI와 어떻게 다른가?

첫 번째로 상기의 일반적 AI 기능적 요소를 사용하기 위해서는 특정 분야의 노하우를 학습시키기 위한 대량의 데이터가 필요하다. 즉 충분히 훈련시킬 데이터가 없다면 위의 세 가지 기능 모두 불가능하다. 하지만 챗GPT는 약자에서 알 수 있듯이 Pre-trained 기법을 사용한다. 즉 별도의 초기 데이터를 주지 않은 상태에서도 사용하기 위하여 미리 학습 및 훈련을 한 AI이라는 것이다.

이는 굉장히 다른 부분에서 중요한 의미를 찾을 수 있다. 지금껏 학습 없이 제공되는 AI 서비스들은 문답식 서비스로서 대부분의 경우에 특정 분야에 한정되어 미리 학습시킨 경우나 특정 문답의 경우 별로 제공될 수 있는 미리 정의된 답변을 이용하는 것이 전부였다. 우리가 쉽게 볼 수 있는 챗봇의 경우가 바로 그 경우이다.

하지만 챗GPT는 이미 특정 시점까지의 인류의 데이터들을 '미리' 학습시킨 것이다. 즉 어느 단계까지의 노하우를 얻기 위해서는 훈련 없이도 당장에 AI의 3단계 기능에 해당하는 제안을 얻을 수 있다. 챗GPT 3.5 이상에게 특정 장소를 알려 주고 관광 명소 등 돌아볼 만한 곳을 제안해 달라고 하면 금방 제안을 받을 수 있다. 관련한 수많은 정보를 미리 학습을 시키지 않은 상태인데 말이다.

이는 어느 누구나, 어떤 상황에서도 사용이 가능함을 의미한다. 즉 한정된 유저가 아닌 인류가 모두 사용할 수 있는 툴이라는 의미이고, 그러하기에 단기간에 사용자 1억 명을 돌파할 수 있었던 것이다. 두 번째로 기존의 것은 제안을 함에 있어서 기존 AI는 특정 형태로만 제안이 가능하였다. 예를 들어 바둑에 있어서 각각의 경우에 대하여 승률값이 계산되고 그중 가장 높은 승률값이 제공되었지만 그는 특정 인터페이스를 통해서만 가능했다. 즉 인류가 소통하는 방식이 아닌 다른 형태로 제공이 되었다는 이야기다.

 하지만 챗GPT는 인류가 소통하는 방식, 즉 언어의 형태로 제공이 된다. 챗GPT의 'T'의 약자가 Transformer인데 이는 구글이 개발한 언어 이해 및 표현의 한 기법이다. 이는 인류가 말하고 사용하는 언어를 이해하고 표현하는 데 있어서 가장 진보된 방법이다. 트랜스포머 디코더의 일종으로 입력된 텍스트의 다음 단어를 예측하는 모델이기에 가능한 것이다.

 이는 특정한 UI나 툴이 아닌 일반적인 대화의 형태로 서비스가 가능함을 의미하고 그러하기에 문답을 하는 챗의 형태로도 AI 기능적 요소를 이용할 수 있는 것이다. 대화라 함은 말하는 사람과 듣는 사람이 있다는 의미인데, 인류가 말하는 방법으로 AI에게 좀 더 세밀한 정보를 제공할 수 있다는 것이고, 이는 추가적인 데이터 습득에 있어 별도의 툴을 통하지 않고도 데이터 제공 및 훈련이 가능하다는 것이다. 즉 AI 입장에서도 혜택이 크다는 의미이다.

5
지금 생성형 AI 등장한 이유

자료에 따르면 챗GPT에 사용된 강화 학습 알고리즘은 OpenAI가 2017년에 제안한 PPO(Proximal Policy Optimization)를 사용한다. 이는 기존의 TRPO(Trust Region Policy Optimization) 알고리즘이 제공하는 Trust-Region 기반의 안정성(stability)과 신뢰성(reliability)을 얻을 수 있지만 그것을 구현하는 과정은 좀 더 간결하고 구현 방법에 있어 수월하다는 장점이 있다.(참조 02-05-1)

즉 생성형 AI가 작동하기 위한 논리적 알고리즘은 2017년에 이미 제안되었고 여러 실험을 통하여 효율적인 알고리즘임은 확인되었다. 하지만 실제로 인류의 정보 데이터를 축적하는 과정은 시간의 전쟁이고, 이는 곧 돈의 전쟁이라고 할 수 있다.

AI 학습을 위해서는 AI 전용 GPU를 사용하는 것이 최선이 방법이다. AI 개발에 사용되는 전용 GPU 중 대표적 경우가 엔비디아 제품으로 A100과 그를 이어 출시한 H100인데, H100은 A100 대비 학습 속도는 9배, 언어 추론 속도는 30배 빠르다.(참조 02-05-2)

IT 컨설팅 기업, 트랜드포스(TrendForce.com)에서 발표한 자료에 따르면 2020년 챗GPT 초기 모델이 훈련하는 데 필요한 GPU(2019년에 발표한 엔비디아 A100 Tensor Core 기준) 수는 약 2만 개였다. 나아가 현재와 같은 챗GPT 모델을 사용화하기 위해서는 3만 개가 필요하다고 예측하였다.(참조 02-05-3)

그럼 챗GPT-3의 경우에 학습한 사용된 데이터는 얼마나 되었을까? AI 기업 래티튜드가 추정한 연산량은 3,110억 테라플롭이다.(참조 02-05-4) 나아가 학습을 마쳤다고 하더라도 이를 운용하는 것은 또 다른 이야기이다. 또 다른 전문 분석 업체인 세미 애널리시스의 추정에 따르면 챗GPT 운영 비용은 하루에 약 70만 달러, 9억 원 정도로 예상하고, 질문 하나를 처리하는 데는 0.36센트가 필요하다고 추정했다.(참조 02-05-5)

그러하기에 챗GPT의 개발사인 OpenAI에 투자한 MS의 경우를 보면 2019년에 이미 10억 달러를 투자했고, 2023년 초에는 100억 달러(약 13조)를 투자하기로 결정했다.(참조 02-05-6) 이와 같이 생성형 AI를 개발하기 위한 효율적인 알고리즘, 이를 학습시키기 위한 3만 개가 넘는 고성능 AI 전용 GPU, 그리고 이를 실제로 학습시키기 위하여 사용된 연산 비용, 서비스를 운영하기 위한 운영 비용 등 모든 것이 천문학적인 비용이 있었기에 가능한 것이다.

왜 이제야 서비스가 나왔는가? 이제야 위의 여러 조건들이 맞았기 때문이다.

6
생성형
AI 종류

생성형 AI는 AI의 한 종류이지만 앞에서 다룬 것처럼 기존의 AI와는 결과물의 형태에서 사뭇 다르다. 기존 AI는 데이터를 학습시키기 위해서는 데이터 세트를 AI가 인식할 수 있는 형태로서 입력하기 위한 인코딩 과정이 필요하다. 이러한 과정에서 생성되는 정보는 곧바로 사용하기는 어려운 수학적 계산을 통한 결괏값들이 표출된다. 이를 인류가 인지하는 정보의 형태로 표현하기 위하여 별도의 변환 및 프레젠테이션 과정을 거쳐야 한다.

그렇다면 생성형 AI의 경우는 어떠한가? 질문 또는 명령 입력 후 생성되는 결과물은 곧바로 사용할 수 있는 정보의 형태이다. 예를 들어 텍스트, 디지털 이미지, 음성, 음악, 코드 등등 곧바로 인류가 인지하고 사용할 수 있는 콘텐츠 형태를 생성하는 것이 큰 차이이다. 이러한 생성형 AI는 크게 아래 5가지로 구분이 된다.

1. 대규모 언어 모델(Large Language Model, LLM)

하나의 던이 다음에 어떤 단어가 적절한지를 AI 기법으로 예측하는 모델이다. 이를 완성하기 위하여 학습되는 데이터양이 기존의 AI 학습량과는 비교가 되지 않을 정도로 대규모이기 때문에 Large가 붙은 것이고, 그러하기에 초거대 AI의 한 종류라고 불릴 수 있다.

언어 생성 모델을 적용한 AI 모델로는 대표적으로는 OpenAI의 챗GPT가 있다. 이외에도 구글의 람다(LaMDA)와 Bard가 있고, 애플의 시리(Siri)와 MS의 코타나(Cortana), 아마존의 알렉사(Alexa) 등이 있다. 하지만 이는 언어를 생성한다는 결과물의 형태에서는 같은 종류라고 볼 수 있으나 대규모 언어 모델이라는 범주에 서는 OpenAI의 챗GPT 외에 구글의 스위치 트랜스포머가 그 대표적인 것이라고 볼 수 있다.

2. 이미지 생성 모델
수많은 이미지 학습을 통하여 특정 화가의 기법 및 화풍까지도 인지하게 된 AI 모델이다. 새롭게 주어진 주제를 학습에 기초하여 이미지를 생성하는 것이 가능하다. 즉 '피카소풍 빌딩의 모습'이라는 과거와 현재가 공존하는 질문에 대해서도 이미지를 순식간에 그려 낸다.

이러한 이미지 생성 모델에는 OpenAI의 DALL-E2가 있고, 구글의 Imagean이 대표적이다. 이러한 이미지 생성 모델로 창작된 이미지의 경우에는 간혹 경매에 부쳐지기도 하고, 그 창작물의 저작권에 대하여 논란이 되기도 한다.

3. 음악 생성 모델

특정 풍의 음악을 생성하는 AI 모델이 있는데 음악을 BGM으로 사용해야 하는 플랫폼에 있어 저작권을 중요시하게 되는데 이를 해결할 수 있는 유용한 프리존이 되고 있다. 이러한 모델에는 아마데우스 코드(Code), 구글의 마그네타(Magenta), 뮤즈 넷(MuseNet), 앰퍼 뮤직(Amper Music) 등이 있다.

4. 코딩 생성 모델

소프트웨어 개발에서 이른바 로우 코드나 노 코디에 해당하는 소프트웨어 코드를 생성하는 AI 모델도 발전 중이다. 언어 생성 모델에서도 일부 소프트웨어 코드를 생성하기도 하는데 아마존의 코드위스퍼러(CodeWhisperer)와 GibHub의 코파일럿(CoPilot)이 대표적이다.

5. 영상 생성 모델

영상(비디오) 관련 분야에서도 생성형 AI는 도입 후 계속 발전하고 있다. 비디오 프레임 예측, 비디오 스타일 변환, 비디오 요약, 비디오 합성 등의 형태로 발전하며 다양한 모델로 사용되고 있다. 이러한 모델은 위비츠(Wibbitz), 루멘5(Lumen5), 브이캣(Vcat) 그리고 Adobe의 Premiere Pro도 영상 AI 기술이 탑재되어 있다.

7
국내의 생성형
AI 서비스

국내에서는 생성형 AI를 기반으로 서비스를 상품화하려고 노력 중이다. 챗GPT나, Bing챗, Bard 같은 대형 언어 모델로 둔 서비스는 공개가 되고 있으나, 두각을 드러내지 않고 있다.

카카오 브레인의 Ko 챗GPT의 경우 초거대 언어 모델로 1.56조 개의 단어로 구성된 한국어 데이터 세트로 학습되었다. Ko 챗GPT는 텍스트 생성, 언어 번역, 다양한 종류의 창의적 콘텐츠 작성 정보 제공 방식으로 질문에 답변을 할 수 있다. 챗GPT-3.0 모델의 한국어 특화 버전이라고 생각하면 이해하기 쉬울 것이다. 카카오 브레인 김일두 대표는 "앞으로 챗GPT 기술의 사이즈와 성능을 100배 규모로 키울 예정"이라고 했고, 현재 REST API[3] REST API 방식으로 서비스를 제공하고 있다.(참조 02-07-1)

㈜업스테이즈가 개발한 AskUp(아숙업)은 챗봇 서비스이다. 2022년

---

3   REST API(Representational State Transfer Application Programing Interface): 웹 서버와 클라이언트 간에 데이터를 전송하는 데 사용되는 아키텍처이다. HTTP요청과 응답을 사용하여 데이터를 전송하고, HTTP메서드를 사용하여 데이터를 조작하는 방식이다.

10월에 출시되었으며, OpenAI의 챗GPT 언어 모델을 기반으로 서비스화되었다. AskUp은 텍스트 생성, 언어 번역, 다양한 종류의 질문에 답변할 수 있다.(참조 02-07-2)

아티컴퍼니가 2023년 3월 28일 강남구립 대치노인복지센터에서 65세 이상 고령자와 80세 이상 초고령자 중 인지 능력 저하군 10명을 포함한 총 35명에게 '초롱이' 서비스 실증을 진행했다고 한다. '초롱이' 서비스는 AI챗봇 일상 대화 패턴 분석을 통한 인지 기능 스크리닝 기술을 적용한 서비스이다. 노인 인지 건강 스크리닝은 인지 장애의 발병률을 낮추고 노인 인구의 삶의 질 향상, 사회 전체의 건강 관리 수준을 높이는 데 기여한다. '초롱이' 서비스는 감성 대화 AI챗봇을 기반으로 설계돼 일상 대화를 통해 대화 패턴, 반응 정확도, 속도 분석 등을 실시해 인지 기능을 평가한다. 스마트폰을 이용한 AI챗봇과의 일상 대화를 분석해야 이상 시그널(인지) 정보를 확인하고, 사용자의 인지 장애 관련 전문 상담사 연결까지 지원한다.

　뤼튼은 한국의 AI 스타트업으로, 2019년 이세영, 김태원, 정승훈, 김준호가 공동 창업했다. 뤼튼은 'Write with AI'의 줄임 말로, AI를 통해 사람들의 창의성과 생산성을 높이는 것을 목표로 한다고 한다. 뤼튼은 챗GPT-3와 같은 대규모 언어 모델을 기반으로 한 AI 에디터를 개발하고 있으며, 이 에디터를 통해 누구나 쉽게 고품질의 콘텐츠를 작성할 수 있도록 지원하고 있다. 뤼튼의 AI 에디터는 현재 프리미엄 콘텐츠 제작자, 기업, 교육 기관 등 다양한 분야에서 사용되고 있으며, 앞으로 뤼튼은 AI를 통해 사람들이 더 창의적이고 생산적인 삶을 살 수 있도록 지원할 계획이라고 한다.(참조 02-07-3)

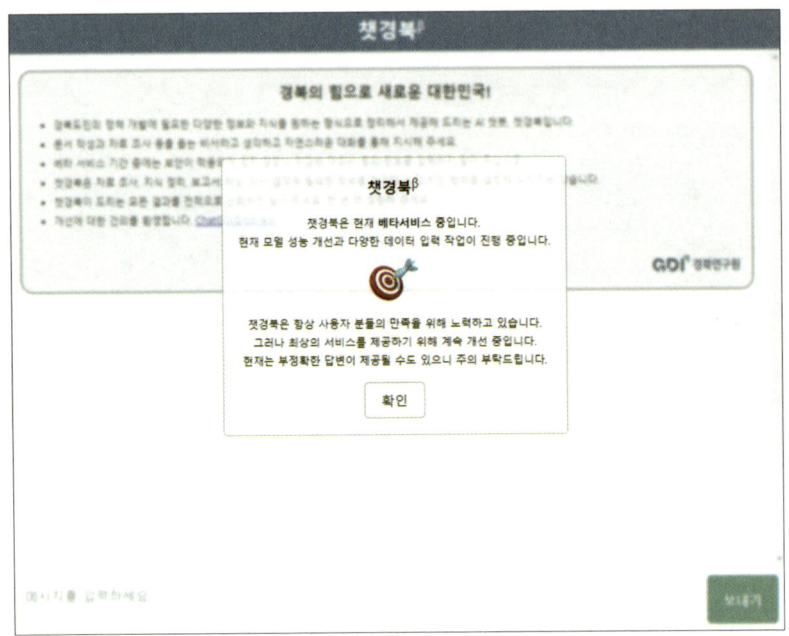

'챗경북'은 경북연구원에서 개발한 AI 챗봇 서비스이다. 챗GPT를 경북에 맞게 바꾼 AI 챗봇으로, 사용자와의 대화를 통해 경북에 특화된 정책 정보를 제공한다. 현재 베타 버전 모델이 공개돼 있다. 챗경북은 경북의 정책 개발에 필요한 다양한 정보와 지식을 원하는 형식으로 정리해서 제공해 드리는 AI 챗봇이다. 챗경북은 2023년 3월에 공개되었으며, 경북의 정책 개발에 필요한 다양한 정보와 지식을 제공할 수 있으며, 향후 사용자의 편의성을 높이기 위해 지속적으로 개발될 예정이다.(참조 02-07-4)

이들은 국내에서 제공되는 대형 언어 모델, 챗GPT 기반 서비스의 몇 가지 예일 뿐이다. 생성형 AI의 기술은 빠르게 발전하고 있으며, 앞으로 다양한 분야에서 생성형 AI를 활용한 서비스가 더 많이 등장할 것으로 예상된다.

03

GPT 기술은 당신의 삶을 어떻게 바꿀 것인가?

1
소설
시놉시스

글을 쓰는 건 쉬운 일이 아니다. 소설은 일반적인 글보다 더할 것이다. 2000년대 초반, 이모티콘과 문장 파괴 형태의 글 형태로 10대들을 저격하여 나온 소설책이 유행했었다. 고등학교 시절 야간 자율 학습 시간을 이용하여 그때 당시 유행했던 소설책을 읽었던 기억이 난다. 가독성 부분에선 정신이 산만했던 기억도 있지만, 내용은 상당히 재미있었다. 그런 유의 소설이 영화로까지 개봉하면서 인기는 더욱 커졌던 걸로 기억하는데, 그때는 글을 쓰는 게 엄청 쉬워 보였다. 이모티콘으로 장난치는 거 같았고, 맞춤법과 상관없이 말소리로 쓰여 있는 듯한 표현들이 10대였던 시절에는 쉬워 보였던 것이다.

하지만 막상 블로그에 일기장처럼 글을 쓰는 거와 다르게 소설을 쓰는 건 쉽지 않았다. 장르나 시대적 배경이라든지, 등장인물, 전체적인 스토리 구상 등 어떻게 접근해야 되는지도 감이 오지 않았다. 좋아하는 소설을 모방하기도 쉽지 않았기에 글을 쓰는 건 너무 어려워 한쪽 구석으로 몰아넣고 포기한 상태였다. 그러나 생성형 AI의 서비스화가 되면서, 한쪽 구석으로 몰아넣어 두었던 보기들 풀어 도전해 볼 수 있게 되었다. 어떻게 써야 될지 아무런 감이 없었기에 챗GPT와 Bard의 도움을 받기로 하였다.

챗GPT의 경우 '나만의 소설 시놉시스'라고 명령하면 제목과 줄거리를 이야기해 주었기에 질문을 다르게 하여 접근해 봤다.

ChatGPT

나만의 소설을 쓰려면 어떻게 해야 돼?

소설을 쓰기 위해서는 몇 가지 단계를 거치면 됩니다. 아래는 소설을 쓰기 위한 일반적인 절차입니다.

1. 아이디어 도출: 가장 먼저 해야 할 일은 소설의 아이디어를 도출하는 것입니다. 어떤 이야기를 전하고 싶은지, 어떤 장르를 선택할지, 주인공과 설정 등을 고려해 보세요. 생각이 떠오르는 대로 아이디어를 적어 두고, 그중에서 가장 흥미로운 아이디어를 선택해 작품을 기획하세요.
2. 캐릭터 개발: 주인공과 주요 캐릭터들을 상세하게 개발해 보세요. 그들의 외모, 성격, 목표, 갈등 등을 생각해 내어 실제로 존재하는 사람처럼 느껴지도록 만들어 보세요. 이렇게 구체적인 캐릭터를 가지고 있으면 이야기를 진행하는 동안 더욱 사실적인 대사와 행동을 써 내려_갈 수 있습니다.
3. 줄거리 구성: 소설의 줄거리를 세부적으로 구성해 보세요. 시작부터 중간까지, 그리고 결말까지 어떤 이야기를 전개할지 계획해 보면 도움이 됩니다. 중요한 사건이나 전환점을 생각해 내고, 각 장면들이 서로 이어지도록 설정해 보세요,
4. 서술 스타일과 시점 선택: 어떤 서술 스타일과 시점을 선택할지 고민해 보세요. 일반적으로는 일인칭이나 삼인칭 시점, 과거형이나 현재형 등을 사용합니다. 또한, 어떤 분위기와 스타일을 담을지 결정해 보세요. 가볍고 유쾌한 톤이나 진지하고 어두운 분위기 등을 고려해 보면 됩니다.
5. 글쓰기: 이제 소설을 쓰는 단계입니다. 아이디어, 캐릭터, 줄거리, 서술 스타일과 시점을 참고하여 실제로 소설을 써 내려가세요. 일정한 시간을 정해 두고 매일 조금씩 작업하는 것이 도움이 될 수 있습니다.
6. 수정과 편집: 초안을 작성한 후에는 수정과 편집을 해 완성도를 높여야 합니다. 문법과 맞춤법을 확인하고, 플롯이 일관되고 논리적으로 이어지는지 확인해 보세요. 필요하다면 독자들의 의견을 들어 보고 피드백을 받아 개선하는 것도 좋은 방법입니다.

7. 출판과 발표: 작품은 완성했다면 출판을 고려해 볼 수 있습니다. 출판사에 원고를 제출하거나 자체 출판을 고려해 보세요. 또는 인터넷을 통해 소설을 발표하고 독자들의 의견을 얻을 수도 있습니다.

8. 소설을 쓰는 것은 창작의 과정이므로 시간과 노력이 필요합니다. 그러나 꾸준한 작업과 열정을 가지고 위의 단계들을 따라가면서 자신만의 소설을 완성해 나갈 수 있을 것입니다.

Bing의 경우 해당 답변을 클릭하면 사이트로 접속하게 해 준다.

Bing

소설을 쓰는 방법은 여러 가지가 있습니다. 먼저, 소설을 쓰기 전에는 주인공과 배경 등을 설정하는 것이 중요합니다. 그리고, 문장 교정에 대한 압박감이 높아지기 때문에 좋은 문장을 쓰는 법을 익히는 것도 중요합니다. WIKIHOW에서는 단편 소설을 쓰는 방법을 설명하고 있습니다. 이 글들을 참고하시면 도움이 될 것입니다.

단편 소설은 많은 작가들에게 자신과 주변을 표현할 수 있는 완벽한 장르다. 소설 쓰기는 대단히 힘든 일이지만, 단편 소설이라면 누구든지 이야기를 짓고 완성할 수 있다. 다른 소설과 마찬가지로, 훌륭한 단편 소설은 독자에게 감동과 즐거움을 준다. 이 글을 읽고 브레인스토밍, 초안 작성, 고쳐 쓰기의 과정을 통해 짧은 시간 내에 성공적으로 단편 소설을 쓸 수 있는 방법을 알아보자.

Bard

나만의 소설을 쓰려면 어떻게 해야 돼?

소설을 쓰는 것은 재미있고 보람 있는 일이지만, 어려울 수도 있습니다. 소설을 쓰는 데 도움이 되는 몇 가지 팁은 다음과 같습니다.

- 아이디어를 구하세요. 소설을 쓰는 첫 번째 단계는 아이디어를 구하는 것입니다. 아이디어는 어디서나 얻을 수 있습니다. 자신의 경험, 주변 환경, 책, 영화, 음악 등에서 아이디어를 얻을 수 있습니다.
- 플롯을 작성하세요. 아이디어가 떠올랐다면 플롯을 작성해야 합니다. 플롯은 소설의 줄거리를 말합니다. 플롯을 작성하면 소설의 흐름을 파악하고, 글을 쓰는 데 도움이 됩니다.
- 캐릭터를 개발하세요. 소설의 주인공과 등장인물을 개발해야 합니다. 캐릭터는 소설의 영혼입니다. 캐릭터가 매력적이면 독자는 소설에 몰입하게 됩니다.
- 글을 쓰세요. 플롯과 캐릭터가 준비되면 글을 써야 합니다. 글을 쓸 때는 규칙에 구애받지 말고, 자신의 스타일로 글을 쓰세요.
- 편집하세요. 글을 다 썼다면 편집을 해야 합니다. 편집을 하면 글의 오류를 수정하고, 글을 더 좋게 만들 수 있습니다.

소설을 쓰는 것은 어려운 일이지만, 재미있고 보람 있는 일입니다. 위의 팁을 참고하여 소설을 쓰고, 자신의 소설을 세상에 선보이세요.

나만의 소설 시놉시스를 적어 달라는 질문에 아래의 답을 해 주었다.

Bard

나만의 소설 시놉시스

물론입니다. 당신의 소설 시놉시스를 도와드리겠습니다. 몇 가지 질문을 드려서 귀하의 아이디어를 좀 더 잘 이해할 수 있게 도와드리겠습니다.

먼저, 어떤 장르의 소설을 쓰고 싶습니까? 공상 과학, 판타지, 로맨스, 범죄, 스릴러, 등등 다양한 장르가 있습니다.
다음으로, 소설의 배경은 어디로 하시겠습니까? 현재, 과거, 미래, 가상 세계 등 다양한 배경이 있습니다.
마지막으로, 소설의 줄거리는 무엇입니까? 주인공은 누구이며, 어떤 일을 겪게 될까요?
이 질문들에 대한 답변을 주시면, 보다 구체적인 시놉시스를 도와드릴 수 있습니다.

위와 같이 질문을 통해서 시놉시스를 만들기 위한 내용을 작성해 보기로 했다. '현대 소설, 장르는 스릴러, 소설의 배경은 현재에서 미래까지, 주인공 임액션, 성격은 조용하지만 직장에서 여러 사건으로 인하여 스트레스가 많이 쌓였고 화가 많아진 상태, 줄거리는 평범하게 출퇴근하는 프로 직장인이며, 프로그래머로 일을 하고 있는 임액션은 직장에 대한 고립된 고통으로 회의감을 느끼며, 고통을 겪고 있다.'라는 내용을 그대로 챗GPT와 Bard한테 던져 보기로 했다. 결과는 놀라웠다.

ChatGPT

제목: 회색의 그림자

시놉시스:
《회색의 그림자》는 현대 스릴러 장르의 소설로, 주인공인 프로 직장인의 고립과 고통을 그립니다. 이야기는 현재의 세계와 미래의 요소를 결합하여 전개됩니다.
주인공은 조용하고 내성적인 성격을 가지고 있으며, 프로그래머로 일하고 있습니다. 평범한 출퇴근 생활을 하면서 하루하루를 보내고 있지만, 직장에서의 사건으로 인해 스트레스와 회의감이 쌓여 가고 있습니다. 이로 인해 주인공은 화가 많아지고, 감정적으로 불안정한 상태에 이르렀습니다.
주인공은 회색빛으로 뒤덮인 도시에서 홀로 자신의 존재가 희미해지고 있는 것을 느끼게 됩니다. 그는 고통과 고립으로 인해 정신적인 압박을 받고, 자아가 무너져 가는 듯한 느낌에 휩싸이게 됩니다. 그러나 어느 날, 미래에서 온 수상한 메시지를 받게 되면서 이 모든 것이 달라지기 시작합니다.

메시지에는 주인공의 미래에 대한 힌트와 비밀이 담겨져 있었습니다. 주인공은 그 비밀을 해결하기 위해 힘을 모으며, 고통과 고립을 극복하고자 합니다. 그는 자신의 프로그래밍 능력을 살려 단서를 추적하고, 도시의 어둠 속에서 숨겨진 진실을 찾아가는 여정을 시작합니다.

주인공은 도시의 뒷골목에서 혹독한 범죄와 미래의 위협에 직면하면서도, 자신의 내면과 싸워야 합니다. 그는 과거의 상처와 자신의 약점과 마주하며 성장하고, 새로운 힘과 용기를 발견하게 됩니다. 동시에, 그의 액션과 결단력은 도시를 구하고 자신을 구원하는 데 중요한 역할을 합니다.

《회색의 그림자》는 고립과 고통에 시달리는 주인공이 자신의 내면을 향해 전진하며 사건의 진실을 밝히는 과정을 그린 스릴러입니다. 이 소설을 통해 독자는 현대 도시의 어둠과 취약성, 그리고 우리 안에 숨겨진 힘에 대해 생각하고 고민하게 될 것입니다.

Bard에게도 같은 줄거리를 이용하여 질문을 해 보았다.

Bard

당신이 원하는 시놉시스는 현대 스릴러 장르의 소설입니다. 이 소설의 배경은 현재이며, 주인공은 조용하지만 직장에서 여러 사건으로 인하여 스트레스가 많이 쌓였고 화가 많아진 상태입니다. 줄거리는 평범하게 출퇴근하는 프로 직장인이며, 프로그래머로 일을 하고 있습니다. 그는 직장에 대한 고립된 고통으로 회의감을 느끼며, 고통을 겪고 있습니다.

어느 날, 그는 회사에서 갑자기 해고를 당합니다. 그는 충격을 받고, 좌절합니다. 그는 회사를 복수하기로 결심합니다. 그는 회사의 기밀 정보를 훔치고, 회사를 붕괴시킵니다. 그는 회사를 복수하고, 해방감을 느낍니다.

이 소설은 현대 사회에서 직장인들이 겪는 고통을 다루고 있습니다. 주인공은 직장에서 겪은 고통으로 인해 회의감과 고통을 느낍니다. 하지만, 그는 결국 회사를 복수하고, 해방감을 느낍니다. 이 소설은 직장인들에게 희망을 주는 이야기입니다.

- 느낀 점: 챗GPT와 Bard에 같은 질문을 던졌지만, 결과는 다른 내용이었다. 서로 다른 내용을 알려 주고 있다 하더라도 가이드라인과 아이디어는 충분하다. 이제 나만의 소설을 써 보자.

2
코딩 입문 가이드

ChatGPT

HTML과 CSS를 활용하여 홈페이지 레이아웃을 만들어 줘.

물론, HTML과 CSS를 활용하여 간단한 홈페이지 레이아웃을 만들어 드릴 수 있습니다. 아래의 예시 코드를 참고하여 시작해 보세요.

```html
html
<!DOCTYPE html>
<html>

<head>
 <title>나의 홈페이지</title>
 <style>
  /* CSS 스타일을 작성합니다 */
  body {
   font-family: Arial, sans-serif;
   background-color: #f2f2f2;

   margin: 0;
   padding: 0;
  }
```

```css
.header {
  background-color: #333;
  color: #fff;
  padding: 20px;
  text-align: center;
}

.container {
  max-width: 960px;
  margin: 20px auto;
  padding: 20px;
  background-color: #fff;
  border: 1px solid #ddd;

  border-radius: 5px;
}

.footer {
  background-color: #333;

  color: #fff;
  padding: 10px;
  text-align: center;
}
</style>

</head>
<body>
 <div class="header">
  <h1>나의 홈페이지</h1>
 </div>
```

```
<div class="container">
    <h2>자기소개</h2>
    <p>안녕하세요! 저는 개발에 관심이 많은 학생입니다.</p>
    <p>다양한 프로젝트를 경험하고 싶어서 항상 노력하고 있습니다.</p>
</div>

<div class="footer">
    <p>&copy; 2023. All rights reserved.</p>
</div>
</body>
</html>
```

이 코드는 간단한 레이아웃을 가진 홈페이지를 생성합니다. 헤더(.header), 콘텐츠(.container), 푸터(.footer) 영역으로 구성되어 있습니다. 각 영역의 스타일은 CSS로 정의되어 있습니다.

위 코드를 HTML 파일로 저장하고 웹 브라우저에서 실행하면 홈페이지의 레이아웃을 확인할 수 있습니다. 필요에 따라 스타일을 수정하고 내용을 추가하여 원하는 모양과 기능을 갖춘 홈페이지를 구성할 수 있습니다.

- 팁: 이처럼 홈페이지 개발에 필요한 기본 소스를 챗GPT가 만들어 주기 때문에 HTML과 CSS를 모르더라도 기본적인 홈페이지 레이아웃 정도는 만들 수 있다. 안에 내용을 본인에 맞게 수정한다면 누구든지 기본적인 홈페이지 레이아웃을 만들 수 있다. 홈페이지 만들기 중 화면을 예로 들었지만, 웹 서버 구축을 위한 가이드로 활용할 수 있고, 아이폰이나 안드로이드폰에 들어갈 애플리케이션을 만들기, Java, Python, Node.js, Ruby 등 컴퓨터 언어를 배울 수 있다.

3
오늘의 셰프 레시피

25년 전 결혼하면서 마련했던 요리책, 그다음에는 유튜브, 그리고 네이버 등에서 검색해서 알아보던 레시피가 있었다. 이제는 GPT를 이용하여 나만이 할 수 있는 홈 파티 요리 준비와 레시피 그리고 접시 꾸미기, 장식 등 내가 직접 만드는 홈 파티 음식에 도전해 보았다.

아래는 새로운 Bing과 챗GPT에 같은 질문을 한 결과이며, 둘 중 좀 더 내가 원하는 답변을 해 준 곳은 챗GPT였다. 아래의 내용은 비교 질문 내용이다.

ChatGPT

쉽게 멋진 홈 파티 하는 방법을 가르쳐 주세요.

홈 파티를 멋지게 즐기는 방법은 다양한 구성 요소와 계획에 따라 달라질 수 있습니다. 하지만 아래의 단계를 따라가면 쉽게 멋진 홈 파티를 계획하고 즐길 수 있을 것입니다.

1. 파티 테마 선택: 파티 테마를 선택하는 것은 멋진 파티의 첫 번째 단계입니다. 어떤 분위기를 원하느냐에 따라 테마를 선택할 수 있습니다. 예를 들어, 복고풍, 해변 파티, 할로윈 등 다양한 테마 중 하나를 선택할 수 있습니다.

2. 초대장 및 손님 초대: 멋진 홈 파티를 계획할 때는 초대장을 만들어 손님들에게 보내는 것이 좋습니다. 초대장에는 날짜, 시간, 장소, 테마 및 기타 세부 정보를 포함시킵니다. 또한 초대장을 전자적으로 보낼 수도 있고, 소셜 미디어나 메신저 앱을 통해 초대할 수도 있습니다.
3. 장식과 분위기 조성: 선택한 테마에 맞춰 파티 장소를 장식합니다. 풍선, 테이블보, 장식물 등을 사용하여 분위기를 조성할 수 있습니다. 음악도 파티 분위기에 맞게 선택하여 재생하는 것이 좋습니다.
4. 맛있는 음식과 음료: 파티에서는 맛있는 음식과 음료를 제공하는 것이 중요합니다. 테마에 따라 적합한 음식을 선택하고, 다양한 옵션을 제공하여 손님들이 선택할 수 있도록 합니다. 간단한 손가락 음식이나 파티 푸드, 디저트 등을 포함시키면 좋습니다. 음료로는 알코올과 무알코올 음료 모두 제공하는 것이 좋습니다.
5. 활동과 게임: 파티에는 다양한 활동과 게임을 포함시키면 더욱 재미있어집니다. 예를 들어, 칵테일 경연 대회, 트리비아 게임, 춤, 보드게임 등을 준비할 수 있습니다. 손님들이 참여할 수 있는 활동을 고려하여 계획해 보세요.
6. 사진 촬영: 파티에서 사진을 찍을 수 있는 공간을 마련하고, 필요하다면 포즈용 소품이나 배경을 준비합니다. 사진을 찍는 것은 파티의 추억을 남기는 좋은 방법입니다. 필요하다면 사진 촬영을 전문적으로 도와주는 사진사를 초대하여도 좋습니다.
7. 선물 및 기념품: 손님들에게 파티에서의 참여를 기념할 수 있는 선물이나 기념품을 준비하는 것도 좋은 아이디어입니다. 작은 기념품이나 간식 선물, 테마에 맞는 소품 등을 준비하여 파티의 재미를 더해 줄 수 있습니다.

위의 단계를 따라가면 멋진 홈 파티를 즐길 수 있을 것입니다. 테마에 맞는 계획과 손님들의 취향을 고려하여 파티를 개최해 보세요. 즐거운 파티가 되길 바랍니다!

답변을 참조하여 직접 만든 홈 파티용 음식 사진 첨부한다.

나아가 챗GPT에 '무르지 않는' 여름 오이소박이 만드는 방법도 질문하였다.

ChatGPT

무르지 않는 오이소박이가 맛있게 **만드는 법**

무르지 않는 오이소박이는 상큼하고 시원한 맛으로 유명한 한국 요리입니다. 아래는 무르지 않는 오이소박이를 맛있게 만들기 위한 간단한 레시피입니다.

재료:
- 오이 2개
- 신김치 양념장:
    - 다진 마늘 1 작은 숟가락
    - 다진 생강 1 작은 숟가락
    - 고춧가루 1 큰 숟가락
    - 설탕 1 작은 숟가락
    - 식초 2 큰 숟가락
    - 소금 1 작은 숟가락
    - 참기름 1 작은 숟가락

오이를 준비합니다. 신선하고 단단한 오이를 선택합니다. 오이를 깨끗이 씻은 후 양 끝을 자릅니다. 그리고 오이를 가로로 반으로 자르고, 반으로 잘린 오이를 세루루 합번 더 잘라 4등분 합니다. 그리고 5cm 길이로 잘라 낸 후에 큰 그릇에 담아 준비합니다.
작은 그릇에 신 김치 양념장 재료를 모두 섞어 줍니다. 마늘, 생강, 고춧가루, 설탕, 식초, 소금, 참기름을 섞어 양념장을 만듭니다.
양념장을 오이 위에 고루 발라 줍니다. 손으로 오이를 주무르듯이 양념장을 골고루 바르는 것이 좋습니다. 모든 오이가 양념장으로 잘 묻게 해 주세요.
양념된 오이를 담은 그릇을 냉장고에 넣고 1시간 이상 식혀 줍니다. 양념이 오이에 잘 스며들도록 충분한 시간을 주는 것이 중요합니다.
오이소박이를 꺼내서 서빙할 때는 고기나 생선 요리와 함께 식탁에 올려 주면 좋습니다. 상큼하고 시원한 맛이 입맛을 돋우며, 밥과 함께 먹으면 더욱 맛있습니다.

이렇게 준비한 무르지 않는 오이소박이는 시원하고 상큼한 맛이 일품입니다. 더 매운 맛을 원하신다면 고춧가루의 양을 조절해 보세요. 즐거운 요리 시간 되시기 바랍니다!

동일한 질문을 Bing에게도 해 보았다.

Bing

쉽게 멋진 홈 파티 하는 방법을 가르쳐 주세요.

홈 파티를 위한 아이디어를 찾고 계시군요.
현재 웹 페이지에는 홈 파티를 위한 정보가 없습니다. 하지만 홈 파티를 준비할 때 고려해 볼 만한 아이디어가 있습니다. 예를 들어, IKEA에서는 홈퍼니싱 아이디어와 함께 공간별 홈퍼니싱 아이디어와 수납 솔루션, 그리고 다양한 제품 활용 팁을 제공합니다. 또한, 파티 장식을 위해 나뭇잎과 리본 등을 사용하는 것도 좋은 방법입니다. 음식은 쉽게 만들 수 있는 요리 레시피를 찾아보세요. 네이버 블로그에서는 홈 파티 음식에 어울릴 만한 레시피를 엄선해서 모아 놓았습니다.

- 배운 점: Bing이 새로운 정보를 검색하여 추가로 알려 주긴 하지만 항상 필요한 정보를 주는 것은 아니었다. 또한 챗GPT는 해당 챗에 대한 대화의 흐름을 인지하기 때문에 새로운 주제는 새로운 챗으로 대화를 해야 정확도가 높아진다.

4 명상 코치

GPT가 명상 코치 역할도 할 수 있을까? 약간의 개인 프라이버시 성격의 질문이라 이러한 도움을 원할 때 편하게 받는다면 참 좋겠다는 생각을 하였다. 이에 간단한 질문을 챗GPT와 Bing에게 해 보았다.

ChatGPT

나만을 위한 명상 코치를 해 주세요.

당신을 위한 명상 코치로서 제가 도와드릴 수 있습니다. 명상은 마음을 집중시키고 내면의 평화와 안정을 찾을 수 있는 효과적인 방법입니다. 제가 추천드리는 다음과 같은 절차를 따라 명상을 시작해 보세요:

1. 편안한 자세를 취하세요: 불편하지 않은 자세로 앉거나 누워 몸을 편하게 하세요.
2. 깊게 숨을 들이마시고 내쉼으로써 바깥으로 숨을 뱉으며 몸과 마음을 이완시킵니다.
3. 마음에 편안한 풍경이나 장면을 상상하며 집중하세요.
4. 순간의 현재에 집중하세요: 몸의 감각이나 숨을 들이마셨다 내쉴 때의 느낌에 집중해 보세요.
5. 간단한 명상 앱이나 가이드 오디오를 사용해도 좋습니다. 이를 통해 안내받으며 명상을 실천할 수 있습니다.

명상은 연습이 필요한 기술이므로, 천천히 시작하고 조금씩 시간을 늘려 가며 진행하세요. 꾸준한 실천이 명상의 효과를 극대화하는 데 도움이 될 것입니다. 충분한 휴식과 신체적 활동과 함께 명상을 조합하면 더욱 효과적일 수 있습니다. 시작해 보시고 언제든지 제가 도움을 드릴 수 있습니다!

동일한 질문을 Bing에게도 해 보았다.

Bing

안녕하세요. 이것은 빙입니다. 명상 코치를 도와드리겠습니다.
명상을 시작하는 방법은 여러 가지가 있습니다. 가장 간단한 방법은 호흡에 집중하는 것입니다. 호흡은 명상의 핵심이며, 마음을 편안하게 하고 걱정을 잊게 해 줍니다. 다음과 같은 단계를 따라해 보세요.

명상할 때 음악을 들으면 좋을 수도 있고 나쁠 수도 있습니다. 음악은 명상에 도움이 되는 경우도 있지만, 때로는 집중력을 방해하거나 명상의 목적과 맞지 않는 경우도 있습니다. 다음과 같은 점들을 고려해 보세요.

- 음악은 명상에 집중하기 어려운 사람들에게 도움이 될 수 있습니다. 음악은 외부의 소음이나 방해 요소를 차단하고, 마음을 편안하게 하고, 호흡과 심박수를 조절하는 데 도움이 될 수 있습니다.
- 음악은 명상의 효과를 증대시킬 수 있습니다. 음악은 명상의 목적에 따라 다양한 효과를 가져올 수 있습니다. 예를 들어, 창의력을 키우고 싶다면 자극적이고 활기찬 음악을 들을 수 있고, 힐링을 원한다면 잔잔하고 치유적인 음악을 들을 수 있습니다.
- 음악은 명상에 방해가 될 수 있습니다. 음악은 명상에 필요한 정신적인 공간을 차지하거나, 감정이나 추억을 불러일으켜서 명상에 방해가 될 수 있습니다. 또한, 음악이 너무 크거나 복잡하면 명상에 집중하기 어려울 수 있습니다.

- 느낀 점: 챗GPT가 뭘 할 수 있을지 제한을 하지 말고 좋은 질문을 하면 좋은 답변을 얻을 수 있다. 다만 원하는 목표 결과를 명확히 제시하면 좋다. Bing은 한 가지 질문을 하면 나머지 내용에 관하여서도 검색을 하여 좀 더 다양한 정보를 알려 준다. 관련 음악이나, 블로그 내용 등 참고가 될 만한 내용을 하나씩 열거해 주고 그에 관한 예문도 만들어 준다. 하지만 두 개를 비교 시 좀 더 질문에 적합한 답변은 챗GPT가 가까웠다.

5
재정 코치

이번에 새로 만기가 된 적금이 생겼으므로 재정 관리를 어떻게 하면 가장 좋은지 궁금증이 생겼다. 지금껏 개인 재정 관리를 해 주던 매니저들 또한 퇴직했거나, 먼 곳으로 이동한 관계로 쉽게 연결하기가 힘들었다. 앞으로 어떤 방식으로 현금을 관리하면 좋을지 챗GPT를 활용하여 보기로 하였다. 과연 재정 관리해 주던 예전의 기억처럼 정확한 안내를 받을 수 있을까?

ChatGPT

물론, 개인 재정 관리를 위한 코칭을 도와드리겠습니다. 개인 재정을 효과적으로 관리하는 방법에 대해 몇 가지 팁을 제공해 드리겠습니다.

예산 작성: 먼저, 월별 예산을 작성하는 것이 중요합니다. 수입과 지출을 명확하게 파악하여 어디에 돈을 사용하는지 알고 계십시오. 수입과 지출의 균형을 맞추는 것이 중요합니다. 예산 작성을 통해 비상 상황에 대비하고 저축하는 것도 가능합니다.

빚 관리: 빚을 효과적으로 관리하는 것이 개인 재정을 안정시키는 중요한 요소입니다. 빚을 갚기 위해 월별 상환 금액을 예산에 포함시키고, 고급 신용 카드 사용을 줄이세요. 만약 빚이 너무 많이 쌓였다면, 이를 합리적인 이자율로 재구조화하는 방안도 고려해 보십시오.

비상 기금 구축: 예상치 못한 상황이 발생할 때를 대비하여 비상 기금을 마련하세요. 일반적으로 월수입의 3~6개월분에 해당하는 금액을 모아 두는 것이 좋습니다. 이를 통해 의료 비용, 긴급 수리 등 예상치 못한 상황에 대처할 수 있습니다.

투자 계획 수립: 장기적인 재정 안정을 위해 투자 계획을 수립하는 것이 중요합니다. 이를 통해 재정적으로 안정된 미래를 위해 저축할 수 있습니다. 투자에 대해 전문가의 조언을 듣는 것이 도움이 될 수 있습니다.

지출 감소: 지출을 줄이는 방법을 찾아보세요. 필요하지 않은 지출을 제한하고, 할인 쿠폰을 활용하거나 중고품을 구매하는 등 경제적인 선택을 하십시오. 또한, 구독 서비스나 멤버십 등의 중복 지출을 확인하고 정리하는 것도 좋은 방법입니다.

금융 교육: 개인 재정 관리에 대한 지식을 늘리는 것이 중요합니다. 금융 관련 도서, 온라인 강좌, 블로그 등을 통해 지식을 습득하십시오. 금융 전문가와 상담을 통해 개인적인 상황에 맞는 조언을 얻을 수도 있습니다.

이러한 팁을 활용하여 개인 재정을 효과적으로 관리할 수 있습니다. 그러나 개인 상황에 따라 다양한 요인을 고려해야 하므로, 필요에 따라 금융 전문가의 도움을 받는 것도 좋은 방법입니다.

Bing을 이용한 동일한 질문으로 개인 재정 관리 코치를 받아 보았다.

Bing

안녕하세요. 이것은 빙입니다. 수입과 지출을 관리하는 방법은 여러 가지가 있습니다. 개인 재정 관리를 위한 코치를 해 드릴 수 있습니다. 가장 기본적인 방법은 가계부 작성입니다. 가계부를 작성하면 수입이 어떻게 사용되고 있는지 파악할 수 있고, 순수입을 증가시킬 수 있습니다.

1. 엑셀이나 스마트폰 앱을 이용하면 편리하게 가계부를 작성할 수 있습니다. 또 다른 방법은 통장 쪼개기입니다. 통장 쪼개기란 각 계좌에 이름표를 붙여서 목적별로 분리하는 것입니다. 예를 들어, 생활비 계좌, 공과금 계좌, 비상금 계좌, 경조사비 계좌 등으로 나누어서 지출을 관리할 수 있습니다.
2. 통장 쪼개기의 장점은 돈을 용도별로 분리함으로써 지출 통제와 저축 계획이 가능하다는 것입니다. 마지막으로 저축과 투자를 잘 하여야 합니다. 저축 가능 금액은 월급에서 총 지출을 제외한 순수입이며, 이 금액을 먼저 정하고 나머지를 지출하라는 뜻입니다.
3. 저축 가능 금액 중에 얼마나 저축할 것인지와 얼마나 투자할 것인지 비율을 정하고, 자동 이체나 정기 적금 상품을 이용하면 좋습니다. 투자는 주식이나 펀드 등 다양한 상품들이 있으니, 본인의 위험 성향과 목표에 맞게 선택하면 됩니다. 이렇게 수입과 지출을 관리하는 방법에 대해 간단히 설명해 드렸습니다.

- 팁: 목표를 정확히 명시하면 원하는 결과를 명확히 알려 준다. 좋은 샘플 데이터, 자주 쓰는 템플릿이나 글 형식이 있다면 활용하여 질문을 한다.

6
힐링을 위한 시네마 데이

OTT 서비스가 대중화되면서 집에서 1인 영화관을 꾸며 즐겨 보는 이들이 많이 늘었다. OTT 자체에 추천 서비스가 있으나, 추천 영화나 드라마 추천이 마음에 들지 않을 수 있다. 또는 보고 싶은 영화가 마땅히 눈에 띄지 않지만, 영화나 드라마 보면서 쉬고 싶은 날에 챗GPT나 Bard를 활용하여 힐링 Movie day, 힐링 Drama Day 리스트를 만들어 보자.

ChatGPT

2000년대에 개봉한 로맨스 영화 5개를 추천해 줘.

물론, 2000년대에 개봉한 인기 있는 로맨스 영화 5개를 추천해 드리겠습니다.
1. 『타이타닉』(Titanic, 1997) - 제임스 카메론 감독의 이 영화는 실제 사건을 바탕으로 한 역사적 로맨스로, 재난과 사랑의 이야기를 보여 줍니다.
2. 『노트북』(The Notebook, 2004) - 니콜라스 스파크스의 소설 원작으로 한 이 영화는 젊은 연인들의 사랑과 운명을 다룹니다.
3. 『라라 랜드』(La La Land, 2016) - 이 영화는 화려한 뮤지컬 스타일로 현대 미국에서 꿈을 향해 달리는 두 인물의 로맨스를 그렸습니다.
4. 『프라이드 & 프리주디스』(Pride & Prejudice, 2005) - 제인 오스틴의 소설을 원작으로 한 이 영화는 19세기 영국에서 벌어지는 로맨스를 아름답게 그렸습니다.

5. 『500일의 썸머』(500 Days of Summer, 2009) - 일련의 일정 없는 로맨스를 다루며, 현실적인 관점으로 사랑과 이별을 그려 낸 영화입니다.

이는 일부로서, 2000년대에는 다양한 로맨스 영화가 있으니 개인의 취향과 선호에 따라 선택하시면 좋겠습니다.

특이한 점은 1997년에 개봉한 『타이타닉』을 추천해 줬다. 분명 2000년대에 개봉한 영화 추천을 말했는데 말이다.

동일한 질문을 Bing에게도 해 보았다.

Bing

2000년대에 개봉한 로맨스 영화 중 추천할 만한 5개의 작품을 소개해 드릴게요.
1. 『내 머리 속의 지우개』(2004) - 이병헌, 전지현 주연
2. 『써니』(2001) - 윤여정, 김혜수 주연
3. 『완득이』(2011) - 김윤석, 이선균 주연
4. 『시월애』(2009) - 김혜수, 이정재 주연
5. 『그녀』(2011) - 김혜수, 이선균 주연

이 작품들은 감동적인 스토리와 연기력으로 많은 사랑을 받았습니다.

그렇다면 Bard는 어떻게 추천하는지 확인해 보자.

Bard

2000년대에 개봉한 로맨스 영화 5개를 추천해 드리겠습니다.
- 『봄날은 간다』(2001)
- 『연애소설』(2002)
- 『내 이름은 김삼순』(2005)
- 『시라노 연애조작단』(2005)
- 『늑대와 미녀』(2004)

이 영화들은 모두 사랑에 대한 이야기를 다루고 있으며, 한국 영화의 대표적인 로맨스 영화로 손꼽히고 있습니다. 이 영화들은 모두 사랑의 아름다움과 슬픔을 잘 표현하고 있으며, 많은 사람들에게 사랑받고 있습니다.

『봄날은 간다』는 허진호 감독의 작품으로, 두 남녀의 사랑과 이별을 그린 영화입니다. 이 영화는 한국 영화의 대표적인 로맨스 영화로 손꼽히고 있으며, 많은 사람들에게 사랑받고 있습니다.

『연애소설』은 이은주, 차태현, 손예진 주연의 영화로, 첫사랑의 풋풋함을 그린 영화입니다. 이 영화는 많은 사람들에게 사랑받고 있으며, 한국 영화의 대표적인 로맨스 영화로 손꼽히고 있습니다.

『내 이름은 김삼순』은 김선아, 현빈 주연의 영화로, 로맨스 코미디 영화입니다. 이 영화는 많은 사람들에게 사랑받고 있으며, 한국 영화의 대표적인 로맨스 영화로 손꼽히고 있습니다.

『시라노 연애조작단』은 장혁, 정재영, 김하늘 주연의 영화로, 로맨틱 코미디 영화입니다. 이 영화는 많은 사람들에게 사랑받고 있으며, 한국 영화의 대표적인 로맨스 영화로 손꼽히고 있습니다.

『늑대와 미녀』는 장동건, 전지현 주연의 영화로, 판타지 로맨스 영화입니다. 이 영화는 많은 사람들에게 사랑받고 있으며, 한국 영화의 대표적인 로맨스 영화로 손꼽히고 있습니다.

- 느낀 점: Bard 역시 『내 이름은 김삼순』이라는 MBC에서 방영한 드라마를 추천해 주었다. 챗GPT나 Bard가 아직 개발 및 보완 중에 있다 보니 사람의 명령을 정확하게 이해하지 못하고 결과물을 보여 주기는 하나, 로맨스는 확실하게 캐치한 거 같다.

챗GPT와 Bard에게 같은 질문을 던졌을 때 차이점은 Bard는 한국 영화를 추천해 주었고, 챗GPT는 외국 영화를 추천해 주었다. 위와 같이 시대적, 장르적, 영화나 드라마의 리스트를 뽑아서 주말 쉬는 날에 힐링 Movie or Drama Day를 보내길 추천한다.

7
가이드 없는 투어

몇 년 전 지방 발령을 받아 근무할 때 그 지역에 터를 잡고 있는 동기들과 교류가 많아져 자연스레 모임을 하게 되었고 골프 라운딩도 빈번해지면서 8명이 의기투합하여 황금연휴를 맞이하여 태국 골프 여행을 다녀온 적이 있다.

그때 어찌하다 보니 일회용 총무를 맡게 되었고 모든 여행 일정은 본인이 직접 계획하고 동기들 의견 반영하여 확인받는 과정이 너무 힘들었던 기억이 있다. 특히, 여행사를 통하지 않고 시작된 자유 여행 일정이라서 모든 일정표를 직접 작성해야만 했는데 그 당시 인터넷에 나와 있는 태국 여행 정보와 블로그라는 블로그는 거의 다 찾아보면서 일정을 짰던 기억이 아직도 잊히지 않는다. 그러한 기억을 되새기며 구글 Bard에 간단한 질문만으로 일정표 작성을 물어보았다.

거의 한 달 가까이 준비한 일정을 1분도 안 되어서 보여 주다니!!! 물론 아주 세밀한 부분까지 구체적이진 않지만, 만약 지금과 같은 아래 정보가 있었다면 정말 하루 만에 일정표가 완성되지 않았을까!!?? 순간 허무하다는 생각이 왜 드는지 모르겠다.

Bard

1. 구글 Bard에 평범하게 질문

Q1. 이번 5월 황금연휴 때 태국에 4박 5일 골프를 포함한 관광 일정표 작성해 줘.

1안)

A) 네, 5월 황금연휴 때 태국에 4박 5일 골프를 포함한 관광 일정표를 알려드리겠습니다.

1일 차
인천공항 출발
방콕 수완나품 공항 도착
호텔로 이동
체크인 후 휴식
저녁 식사

2일 차
조식 후 골프 라운딩
저녁 식사 후 방콕 시내 관광

3일 차
조식 후 사원 방문
저녁 식사 후 방콕 시내 관광

4일 차
조식 후 골프 라운딩
저녁 식사 후 자유 시간

5일 차
조식 후 방콕 수완나품 공항 출발
인천공항 도착

이 일정은 참고용이며, 고객님의 취향과 일정에 맞게 조정할 수 있습니다. 골프 코스와 호텔은 고객님의 예산과 선호도에 따라 선택할 수 있습니다.

태국은 골프를 즐기기에 좋은 곳입니다. 태국에는 세계적인 수준의 골프 코스가 많으며, 날씨가 따뜻하고 풍경이 아름답습니다. 또한, 태국에는 다양한 문화와 역사적 유적지가 있어 골프와 함께 관광을 즐길 수 있습니다.

태국 골프 여행을 계획하시면 저희에게 연락해 주세요. 저희가 최상의 일정과 서비스를 제공해 드리겠습니다.

2안)

A) 물론, 4월 골든 위크 휴가 기간 동안 태국으로 4박 5일간의 골프 여행이 있습니다.

1일 차
고향에서 출발하여 방콕의 수완나품 공항(BKK)에 도착합니다.
방콕 중심부의 호텔로 이동하십시오.
호텔에 체크인하고 짐을 맡기십시오.
밤 문화와 쇼핑으로 유명한 인기 있는 관광 지역인 카오산 로드(Khao San Road)를 산책해 보세요.
카오산 로드의 많은 레스토랑 중 한 곳에서 저녁 식사를 하십시오.

2일 차
방콕의 많은 골프 코스 중 한 곳에서 골프 라운딩을 즐겨 보세요.
골프를 마친 후에는 태국 전통 마사지 가게에서 마사지를 받아 보세요.
도시의 전경을 조망할 수 있는 옥상 레스토랑에서 저녁 식사를 즐겨 보세요.

3일 차
태국의 옛 수도였던 아유타야로 당일치기 여행을 떠나 보세요.
왕궁(Grand Palace)과 왓 프라시 산펫(Wat Phra Si Sanphet)을 포함한 고대 도시의 유적지를 방문하십시오.
아유타야의 레스토랑에서 저녁을 먹습니다.

4일 차
요리 수업을 듣고 전통 태국 요리를 만드는 법을 배웁니다.
세계에서 가장 큰 주말 시장인 짜뚜짝 주말 시장을 방문하십시오.
짜뚜짝 주말 시장(Chatuchak Weekend Market)에 있는 레스토랑에서 저녁을 먹습니다.

5일 차
수완나품 공항(BKK)에서 출발하여 고향으로 돌아갑니다.

이것은 제안된 일정일 뿐이며 관심사와 예산에 맞게 사용자 정의할 수 있습니다. 예를 들어, 역사에 관심이 있다면 아유타야에서 더 많은 시간을 보낼 수 있습니다. 예산이 빠듯하다면 외식 대신 직접 식사를 요리할 수 있습니다.
무엇을 선택하든 태국 골프 여행에서 즐거운 시간을 보낼 수 있을 것입니다!

3안)

A) 네, 5월 황금연휴 때 태국에 4박 5일 골프를 포함한 관광 일정표를 작성해 보겠습니다.

1일 차
인천공항 출발
방콕 수완나품 국제공항 도착
호텔 체크인
저녁 식사
방콕 시내 관광
쇼핑

2일 차
조식 후 골프 라운딩
점심 식사
방콕 시내 관광

저녁 식사
나이트 라이프 체험

3일 차
조식 후 골프 라운딩
점심 식사
방콕 시내 관광
저녁 식사
태국 전통 마사지

4일 차
조식 후 방콕 수완나품 국제공항 이동
인천공항 출발

이 일정은 참고용이며, 고객의 취향과 예산에 맞게 변경할 수 있습니다. 예를 들어, 골프 라운딩 횟수를 늘리거나, 방콕 시내 관광 시간을 늘리거나, 다른 도시로 여행을 갈 수도 있습니다. 또한, 항공권, 호텔, 골프 라운딩 비용 등은 고객의 예산에 따라 선택할 수 있습니다.
태국에 골프 여행을 가시는 것을 추천합니다. 태국은 아름다운 자연과 저렴한 비용으로 골프를 즐길 수 있는 좋은 곳입니다.

2. 구글 Bard에 좀 더 구체적인 질문

Q. 이번 5월 황금 연휴 때 태국에 4박 5일 일정으로 여행을 계획하고 있어. 아래 조건들을 보고 태국 여행 일정표 작성해 줘.

1. 첫날 출발은 인천공항에서 밤 12시 출발
2. 둘째 날부터 마지막 날까지 오전은 골프 일정으로 전체 72홀 일정
3. 골프장은 태국 숙박 시설에 1시간 거리
4. 오후에는 시내 투어 후 저녁 식사
5. 오후 일정은 가급적 짜오프라야강을 중심으로 작성
6. 마지막 날은 저녁 늦게 방콕에서 인천으로 출발
7. 1인당 전체 예상 비용도 알려 줘.
8. 태국 방콕 시내 주변 골프장을 추천해 주고 골프장 예약 방법도 알려 줘.

1안)

일정

일자	시간	일정
2023년 5월 2일	00:00	인천공항 출발
2023년 5월 2일	12:00	방콕 도착
2023년 5월 2일	13:00	숙소 체크인
2023년 5월 2일	14:00~18:00	골프
2023년 5월 2일	19:00	저녁 식사
2023년 5월 3일	09:00~13:00	골프
2023년 5월 3일	14:00~18:00	짜오프라야강 투어
2023년 5월 3일	19:00	저녁 식사
2023년 5월 4일	09:00~13:00	골프
2023년 5월 4일	14:00~18:00	왕궁 투어
2023년 5월 4일	19:00	저녁 식사
2023년 5월 5일	09:00~13:00	골프
2023년 5월 5일	14:00~18:00	왓포 사원 투어
2023년 5월 5일	19:00	저녁 식사
2023년 5월 6일	09:00~13:00	골프
2023년 5월 6일	14:00	숙소 체크아웃
2023년 5월 6일	18:00	방콕 출발
2023년 5월 6일	23:00	인천공항 도착

비용

항공권: 1인당 100만 원
골프장 이용료: 1인당 30만 원
숙박비: 1인당 10만 원
식비: 1인당 5만 원
기타 경비: 10만 원

총 비용

1인당 205만 원

골프장 추천

방콕 시내 주변 골프장

방콕 컨트리 클럽
로얄 뱅크 컨트리 클럽
라마 9 골프 클럽
로얄 래플스 골프 클럽
람차나 컨트리 클럽

골프장 예약 방법

골프장 홈페이지에서 온라인으로 예약
골프장으로 전화하여 예약
골프 여행사를 통해 예약

주의 사항

골프장 예약 시, 여권 사본과 비자 사본을 준비해야 합니다.
골프장은 덥고 습하므로, 햇빛을 가릴 수 있는 모자와 선글라스를 착용하고, 충분한 수분을 섭취하는 것이 좋습니다.
골프장에서는 주류를 마실 수 없으므로, 음료수는 미리 준비하는 것이 좋습니다.

2안)

출발일: 2023년 5월 2일 (월) 24:00
도착일: 2023년 5월 3일 (화) 07:00
숙소: 방콕의 숙박 시설
골프장: 짜오프라야강 인근 골프장
골프 일정: 72홀
시내 투어: 짜오프라야강 인근 명소
저녁 식사: 태국 음식
귀국일: 2023년 5월 6일 (금) 23:00

1인당 전체 예상 비용: 100만 원
항공권: 50만 원
숙박비: 30만 원
골프장비: 10만 원
골프장 티켓: 20만 원
시내투어: 10만 원
식비: 10만 원
기타: 5만 원

태국 방콕 시내 주변 골프장 추천:
방콕 컨트리 클럽
골프장 예약 방법:
골프장 홈페이지에서 예약
골프장 예약 사이트에서 예약
골프장 연락처로 예약

3안)

태국 4박 5일 골프 여행 일정

일자	시간	일정
5월 2일	00:00	인천공항 출발
5월 3일	06:00	방콕 도착, 호텔 체크인
5월 3일	09:00	골프
5월 3일	18:00	시내 투어, 저녁 식사
5월 4일	09:00	골프
5월 4일	18:00	시내 투어, 저녁 식사
5월 5일	09:00	골프
5월 5일	18:00	시내 투어, 저녁 식사
5월 6일	09:00	골프
5월 6일	18:00	공항 이동, 인천행 출발
5월 7일	09:00	인천공항 도착

예상 비용
항공권: 1인당 100만 원
숙박: 1인당 50만 원
골프: 1인당 30만 원
식사: 1인당 20만 원
교통: 10만 원
기타: 10만 원

총 비용: 1인당 220만 원

태국 방콕 시내 주변 골프장
센트럴 로얄 랏차담 골프 클럽
로열 워터 스포츠 골프 클럽
람차나 컨트리 클럽
로얄 쿼리 골프 클럽
로열 히코리 골프 클럽

골프장 예약 방법
직접 예약: 골프장에 전화 또는 이메일로 예약
여행사 예약: 여행사에 골프 여행을 문의하여 예약
온라인 예약: 골프장 홈페이지에서 온라인으로 예약

- 느낀 점: 이제 이런 유형의 일들은 너무 편해지겠다는 느낌을 받았다. 모임의 총무 같은 일을 하다 보면 작가가 첫 장을 시작하기가, 시인이 첫 구절을 써 내려가기가 제일 어렵겠다고 생각한 적이 있는데 왠지 모를 허탈함도 느껴지면서 이젠 그런 고민이 전혀 필요가 없겠다는 확신이 든다. 이런 허탈감도 금방 무뎌지겠지만 어쩌면 시간이 지나 오늘을 사는 우리들은 중요한 역사의 한 페이지에 존재했던 사람들이 아닐까 싶다. 문득 작년에 손흥민 선수가 프리

미어리그 득점왕이 되었을 때 SPOTV 아나운서의 "여러분은 프리미어리그 최고의 선수 대한민국 손흥민 선수 시대에 살고 있습니다."라는 멘트가 생각난다. 지금 우리들은 최고 혁신적인 제품 GPT의 시대에 살고 있습니다.

8
프라이빗 피트니스 코치

"코치님, 집에서도 운동할 수 있는 프로그램 하나 짜 주세요."
"친구야, 똥배 터지게 하는 운동 방법 좀 가르쳐 줘."
"유튜브에서 똥배 없애는 운동 검색해 봐야지."

예전에는 그랬다. 운동을 해 보려고 마음먹으면 헬스장을 등록하고 코치의 조언을 받고, 아니면 몸매 좋은 친구에게 물어보거나, 유튜브에서 관련 운동 프로그램을 찾아보거나 하는 게 일반적 접근이었다. 과연 GPT 기술은 우리의 삶을 또 어떻게 바꾸고 있는가? 나만의 운동 프로그램을 짠다는 생각으로 4가지 동일한 조건으로 GPT, Bard, Bing에게 조언을 구해 봤다. 마치 나만의 운동 코치가 있다고 생각하고 마음껏 조건을 요구했다. 챗GPT는 복잡한 조건을 제시했음에도 거침없이 조언을 쏟아 낸다.

ChatGPT

요즘 술자리를 많이 해서 그런지 배가 너무 나온 것 같습니다. 똥배가 들어가게 할 수 있는 운동 프로그램을 작성해 주세요. 아래의 조건을 지켜 주세요.

1. 집에서 주로 하면서 야외 활동도 포함시켜 주세요.
2. 우선 한 달간 프로그램을 짜 주세요.
3. 가능한 한 관련 식단 프로그램도 부탁합니다.
4. 얼마나 잘 진행되고 있는지 측정할 수 있는 방법도 알려 주세요.

헬스와 식단 조절을 통해 똥배가 들어가게 할 수 있는 한 달간의 프로그램을 제시해 드리겠습니다. 다음은 프로그램의 구성입니다.

운동 프로그램:
1. 유산소 운동:
   - 주로 집에서 할 수 있는 유산소 운동을 추천합니다. 예를 들어, 조깅, 실내 자전거 타기, 줄넘기, 유튜브 운동 영상 따라 하기 등이 있습니다. 주 3~4회, 각 운동당 30분씩 실시해 주세요. 이를 통해 전체적인 체지방을 감소시킬 수 있습니다.
2. 복부 운동:
   - 똥배를 타게 해 줄 복부 운동을 추천합니다. 크런치, 플랭크, 레그 레이즈, 다이어트 롤아웃 등의 운동을 집에서 수행하세요. 주 3회, 각 운동당 10~15분씩 실시해 주세요. 이를 통해 복부 근육을 강화하고 탄력을 높일 수 있습니다.
3. 전신 운동:
   - 전신 운동을 통해 균형 잡힌 근력을 유지하세요. 팔 굽혀 펴기, 스쿼트, 런지, 푸시업 등의 운동을 집에서 수행하세요. 주 20회, 각 운동당 10~15분씩 실시해 주세요. 이를 통해 근육을 성장시키고 대사를 촉진할 수 있습니다.
4. 야외 활동:
   - 주말이나 여가 시간에는 야외 활동을 추가하세요. 걷기, 자전거 타기, 등산, 수영 등 야외에서 즐길 수 있는 활동을 선택해 주세요. 이를 통해 유산소 운동을 더욱 즐기며 신선한 공기를 마시고 몸을 활성화시킬 수 있습니다.

식단 프로그램:
1. 균형 잡힌 식단:
   - 식단에는 균형 잡힌 영양소가 포함되어야 합니다. 고단백, 고섬유, 적정량의 탄수화물, 신선한 과일과 채소 등을 섭취하세요. 급격한 다이어트는 오히려 건강에 해를 끼칠 수 있으므로, 올바른 식단 관리를 중요시해 주세요.

2. 적정 칼로리 섭취:
- 음식의 칼로리 섭취를 체크해야 합니다. 과도한 칼로리 섭취를 줄이고 영양가 있는 식품으로 대체해 주세요. 식사를 할 때 음식을 천천히 씹고 충분한 수분을 섭취하는 것도 중요합니다.

진행 사항 측정 방법:
1. 체중 측정
- 한 달에 한 번씩 체중을 측정하세요. 체중 감량은 똥배 감소에 직결되므로 진행 사항을 파악하는 좋은 방법입니다.

2. 허리둘레 측정:
- 한 달에 한 번씩 허리둘레를 측정하세요. 허리둘레의 변화는 복부 지방 감소를 나타내므로 프로그램의 효과를 확인하는 데 도움이 됩니다.

3. 사진 비교:
- 한 달에 한 번씩 프로그램 시작 시 찍은 사진과 현재 사진을 비교해 보세요. 시각적인 처리를 통해 진행 사항을 파악할 수 있습니다.

4. 체력 증가:
- 프로그램 시작 시와 한 달 뒤의 체력을 비교해 보세요. 유산소 운동을 통해 체력이 향상되고, 운동 시간이나 강도를 조절하는 데 있어서 개선된 체력이 측정 지표가 될 수 있습니다.

반드시 참고사항:
- 운동을 시작하기 전에 전문가와 상담하여 현재 건강 상태에 맞는 운동 프로그램을 수행하세요.
- 식단 조절은 영향 섭취량과 개인의 목표에 따라 달라질 수 있으므로, 영양사나 전문가의 조언을 듣는 것이 좋습니다.
- 건강한 신체를 유지하게 위해 충분한 휴식과 수면을 취하세요.

이러한 프로그램을 따라가면서 꾸준한 노력과 식단 조절을 통해 똥배를 줄일 수 있을 것입니다. 하지만 건강을 위해서라면 전문가의 도움을 받는 것이 좋으니, 필요한 경우 건강 전문가와 상담하여 개인에게 맞는 프로그램을 만들어 주세요.

Bard에게 GPT의 질문과 동일하게 문의해 보았다.

> **Bard**
>
> 1. 집에서 주로 하면서 야외 활동도 포함시켜 주세요.
>   - 집에서 할 수 있는 운동: 플랭크, 크런치, 윗몸 일으키기, 스쿼트, 런지
>   - 야외에서 할 수 있는 운동: 걷기, 달리기, 자전거 타기, 수영, 테니스, 배드민턴
>
> 2. 우선 한 달간 프로그램을 짜 주세요.
>   - 월요일: 집에서 플랭크 30초, 크런치 30회, 윗몸 일으키기 50회, 스쿼트 30회, 런지 30회
>   - 화요일: 야외에서 걷기 30분
>   - 수요일: 집에서 플랭크 45초, 크런치 45회, 윗몸 일으키기 75회, 스쿼트 45회, 런지 45회
>   - 목요일: 야외에서 달리기 30분
>   - 금요일: 집에서 플랭크 60초, 크런치 60회, 윗몸 일으키기 100회, 스쿼트 60회, 런지 60회
>   - 토요일: 야외에서 자전거 타기 30분
>   - 일요일: 휴식
>
> 3. 가능한 한 관련 식단 프로그램도 부탁합니다.
>   - 저녁에는 술을 마시지 않거나 가벼운 술을 마시고, 술을 마실 때는 물을 많이 마시세요.
>   - 탄수화물은 흰쌀밥이나 흰 빵 대신 통곡물 빵이나 현미밥을 선택하세요.
>   - 단백질은 닭고기, 생선, 두부, 콩류를 선택하세요.
>   - 지방은 불포화 지방을 선택하세요.
>   - 과일과 채소를 많이 섭취하세요.
>
> 4. 얼마나 잘 진행되고 있는지 측정할 수 있는 방법도 알려 주세요.
>   - 허리둘레를 측정해 보세요.
>   - 체중을 측정해 보세요.
>   - 옷이 달라지는지 확인해 보세요.
>   - 거울을 보고 자신의 몸매를 확인해 보세요.
>
> 위의 운동 프로그램과 식단 프로그램을 따라 꾸준히 운동하고 식단을 조절하면 똥배를 들어가게 할 수 있습니다.

Bing에게도 동일한 질문을 해 보았다.

> **Bing**
>
> 안녕하세요. 이것은 빙입니다. 똥배를 들어가게 할 수 있는 운동 프로그램을 작성해 드리겠습니다. 다음의 조건을 지키면서 운동을 하시면 좋은 효과를 얻으실 수 있습니다.
>
> 1. 집에서 주로 하면서 야외 활동도 포함시켜 주세요.
>   - 집에서 할 수 있는 운동으로는 **레그 레이즈 변형, 다리 교차하기, 마운틴 클라이머, 버피, 다리 당기기** 등이 있습니다. 이들 운동은 복부 근육을 강화하고 칼로리를 많이 소모하는 운동들입니다. 매트와 볼이 있으면 더 효과적으로 운동할 수 있습니다.
>   - 야외 활동으로는 조깅, 자전거 타기, 등산 등이 있습니다. 이들 운동은 유산소 효과가 높고 심장과 폐의 건강을 강화하는 운동들입니다. 똥배를 빼기 위해서는 유산소 운동이 필수적입니다.
>
> 2. 우선 한 달간 프로그램을 짜 주세요.
>   - 한 달간 프로그램을 다음과 같이 짜 보았습니다.

요일	집에서 하는 운동	야외에서 하는 운동
월요일	레그 레이즈 변형 1분×3세트 다리 교차하기 1분×3세트 버피 1분×3세트 다리 당기기 1분×3세트	조깅 30분
화요일	-	자전거 타기 1시간
수요일	레그 레이즈 변형 1분×4세트 마운틴 클라이머 1분×4세트 버피 1분×4세트 다리 당기기 1분×4세트	-
목요일	-	등산 2시간
금요일	레그 레이즈 변형 1분×5세트 마운틴 클라이머 1분×5세트 버피 1분×5세트 다리 당기기 1분×5세트	-
토요일	-	조깅 30분
일요일	-	휴식

- 각 운동 사이에는 쉬는 시간을 최대한 줄여 주세요. 운동의 강도와 시간은 개인의 체력에 따라 조절하실 수 있습니다.

3. 가능한 한 관련 식단 프로그램도 부탁합니다.
- 식단 프로그램은 다음과 같이 제안 드립니다.
- 아침: 계란, 토스트, 바나나, 우유
- 점심: 현미밥, 삶은 닭 가슴살, 샐러드, 요구르트
- 저녁: 퀴노아, 구운 생선, 채소볶음, 과일
- 간식: 견과류, 치즈, 당근
- 식단 프로그램은 단백질 음식을 중심으로 구성하고, 정제된 탄수화물 음식은 적게 먹으시는 것이 좋습니다. 단백질 음식은 포만감을 높여 주고 근육량을 증가시키는 데 도움이 되며, 정제된 탄수화물 음식은 혈당 수치를 높여 주고 똥배를 증가시키는 데 영향을 줍니다. 통곡물, 식이 섬유, 비타민, 미네랄 등이 풍부한 음식을 섭취하시는 것이 건강에 좋습니다.

4. 얼마나 잘 진행되고 있는지 측정할 수 있는 방법도 알려 주세요.
얼마나 잘 진행되고 있는지 측정할 수 있는 방법은 다음과 같습니다. 체중과 체지방률을 주기적으로 측정하고 기록하세요. 체중과 체지방률은 똥배의 크기와 밀접한 관련이 있습니다. 체중과 체지방률이 감소하면 똥배도 줄어들 것입니다. 체중과 체지방률은 일주일에 한 번씩 측정하시는 것이 좋습니다.

복부 둘레를 측정하고 기록하세요. 복부 둘레는 똥배의 상태를 직접적으로 반영하는 지표입니다. 복부 둘레가 감소하면 똥배도 들어갈 것입니다. 복부 둘레는 일주일에 한 번씩 측정하시는 것이 좋습니다.

사진을 찍어 비교하세요. 사진은 똥배의 변화를 시각적으로 확인할 수 있는 방법입니다. 사진을 찍을 때는 같은 자세와 각도로 찍으시는 것이 중요합니다. 사진은 한 달에 한 번씩 찍어서 비교하시는 것이 좋습니다.

이상으로 똥배를 들어가게 할 수 있는 운동 프로그램과 식단 프로그램을 작성해 드렸습니다. 이 프로그램을 꾸준히 실천하시면 똥배를 없애고 건강한 몸을 만드실 수 있습니다. 운동과 식단은 개인의 상황에 따라 조절하실 수 있으니 참고하시기 바랍니다. 감사합니다.

- 배우고 느낀 점: 챗GPT는 PT 트레이너가 종합적인 운동 방법을 제시하는 것처럼 활용성이 높은 정보를 제고하고 있다. Bard의 경우에는 광범위하기에 실질적으로, 뭐를 해야 하지'라는 고민을 갖게 한다. 특이한 점은 초기 몇 번의 질문에는 관련 정보가 없다고 하면서 답을 제시하지 못한 것은 매우 이례적이다. 본 질문을 할 당시의 문제라고 여겨지며, 구조적인 문제라고 생각하지는 않는다. Bing의 경우에는 가장 상세한 운동 프로그램을 제시하고 있으며, 특히 가장 자세한 식단 종류까지 제시하고 있다. 이렇듯 3개의 답변이 특색이 존재하는 것을 발견할 수 있다. 피트니스 개인 코치를 여러 명 두고 있는 기분이다.

- 팁: 건강 프로그램을 요청한다면 개인의 특수 상황을 최대한 많이 제시하는 것이 좋다. 개인적 목표나 질병, 운동하는 장소, 좋아하는 운동, 식단 등 최대한 정보를 많이 제시할수록 PT 전문가급의 조언을 얻을 수 있을 것이다. 운동과 식단을 따로 물어보는 것도 가치 있는 정보를 얻기 위한 팁이다.

9
면접 성공 연습 코치

아래 내용은 31년간의 직장 생활을 마무리하고 인생 2막을 시작하려고 자기소개서를 준비하면서 순간 막막했던 생각을 떠올리면서 Bard에 "면접에 성공하기 위한 자기소개서 작성"에 대하여 질문한 것이다.

Q1. 나는 31년간의 직장 생활이 끝나고 잠깐의 휴식 이후 새로운 직장을 구해야 한다. 32년 만에 새로운 자기소개서를 작성하자니 순간 막막하다는 생각이 들었다. 세월도 변하고 환경도 변하고 조건도 변화된 현실에 어떻게 자기소개서를 작성하면 나를 잘 어필해서 재취업에 성공할까?

> **Bard**
>
> A1)
> 안녕하세요. 31년간의 직장 생활을 마치고 새로운 직장을 구하시느라 고생이 많으시겠습니다. 32년 만에 새로운 자기소개서를 작성하신다고 하니 막막함이 느껴지실 것 같습니다. 세월이 변하고 환경이 변하고 조건이 변화된 현실에 어떻게 자기소개서를 작성하면 나를 잘 어필해서 재취업에 성공할까요?
>
> 먼저, 자기소개서를 작성하기 전에 자신의 강점과 약점을 파악하는 것이 중요합니다. 자신의 강점과 약점을 파악하면 자기소개서를 작성할 때 어필할 부분을 정할 수 있습니다. 또한, 자기소개서를 작성할 때는 자신의 경험과 경력을 잘 어필하는 것이 중요

합니다. 자신의 경험과 경력을 통해 자신이 그 직무에 적합한 사람임을 어필할 수 있습니다.

마지막으로, 자기소개서는 정확하고 간결하게 작성하는 것이 중요합니다. 자기소개서는 자신의 능력과 경험을 정확하고 간결하게 전달하는 것이 중요합니다. 또한, 자기소개서는 띄어쓰기와 맞춤법을 정확하게 확인하는 것이 중요합니다.

이러한 점을 참고하여 자기소개서를 작성하시면 재취업에 성공할 수 있을 것입니다. 31년간의 직장 생활에서 쌓은 경험과 경력을 바탕으로 새로운 직장에서도 좋은 성과를 거두시기를 바랍니다.

Q2. 나는 정보 통신 분야 IT 기술자로 네트워크 분야에 충분한 경험과 자격을 갖추고 있으며, 다년간의 사업 관리 경험을 통해 매년 목표를 달성하였다. 이러한 부분을 살려 내 강점을 어떻게 어필하면 좋을까?

A2. 네트워크 분야에서 충분한 경험과 자격을 갖추고 있으며, 다년간의 사업 관리 경험을 통해 매년 목표를 달성하셨다니 정말 훌륭하십니다. 이러한 부분을 살려 자기소개서를 작성하신다면 재취업에 성공할 수 있을 것입니다.

자기소개서를 작성할 때는 자신의 강점과 경험을 잘 어필하는 것이 중요합니다. 네트워크 분야에서의 경험과 자격을 강조하고, 사업 관리 경험을 통해 달성한 성과를 구체적으로 기술하십시오. 또한, 자신의 성격과 가치관을 어필하여 회사와 잘 맞는 사람임을 보여 주십시오.

마지막으로, 자기소개서는 자신의 능력과 경험을 정확하고 간결하게 전달하는 것이 중요합니다. 또한, 자기소개서는 띄어쓰기와 맞춤법을 정확하게 확인하는 것이 중요합니다.

이러한 점을 참고하여 자기소개서를 작성하시면 재취업에 성공할 수 있을 것입니다. 31년간의 직장 생활에서 쌓은 경험과 경력을 바탕으로 새로운 직장에서도 좋은 성과를 거두시기를 바랍니다.

Q3. 자기소개서를 작성할 때는 자신의 강점과 경험을 잘 어필하는 것이 중요합니다. 네트워크 분야에서의 경험과 자격을 강조하고, 사업 관리 경험을 통해 달성한 성과를 구체적으로 기술하십시오. 또한, 자신의 성격과 가치관을 어필하여 회사와 잘 맞는 사람임을 보여 주십시오.
이 부분에 대해 구체적인 작성 예를 알려 줘.

A3. 네, 네트워크 분야에서의 경험과 자격을 강조하고, 사업 관리 경험을 통해 달성한 성과를 구체적으로 기술하는 방법에 대한 구체적인 작성 예는 다음과 같습니다.

네트워크 분야에서의 경험과 자격을 강조하는 방법
- 네트워크 분야에서의 경력과 자격을 명시하십시오.
- 네트워크 분야의 최신 기술에 대한 지식을 강조하십시오.
- 네트워크 문제를 해결하고 네트워크를 관리한 경험을 강조하십시오.

사업 관리 경험을 통해 달성한 성과를 구체적으로 기술하는 방법
- 사업 관리 경험을 명시하십시오.
- 사업 목표를 달성한 경험을 강조하십시오.
- 사업팀을 이끌고 성공으로 이끈 경험을 강조하십시오.

자신의 성격과 가치관을 어필하는 방법
- 자신의 성격과 가치관을 명시하십시오.
- 회사의 문화와 잘 맞는 사람임을 강조하십시오.
- 회사의 목표에 기여할 수 있는 사람임을 강조하십시오.

이러한 점을 참고하여 자기소개서를 작성하시면 재취업에 성공할 수 있을 것입니다. 31년간의 직장 생활에서 쌓은 경험과 경력을 바탕으로 새로운 직장에서도 좋은 성과를 거두시기를 바랍니다.

Q4. 마지막으로, 자기소개서는 정확하고 간결하게 작성하는 것이 중요합니다. 자기소개서는 자신의 능력과 경험을 정확하고 간결하게 전달하는 것이 중요합니다. 또한, 자기소개서는 띄어쓰기와 맞춤법을 정확하게 확인하는 것이 중요합니다.
이 부분에 대한 예를 작성해 줘.

A4. 1안)
네, 알겠습니다. 자기소개서 작성 시 띄어쓰기와 맞춤법을 정확하게 확인하는 것이 중요합니다. 예를 들어, "저는 대학교에서 컴퓨터 공학을 전공했습니다."라고 작성하는 것이 아니라, "저는 대학교에서 컴퓨터 공학을 전공하였습니다."라고 작성해야 합니다. 또한, "저는 영어와 한국어를 할 수 있습니다."라고 작성하는 것이 아니라, "저는 영어와 한국어를 구사할 수 있습니다."라고 작성해야 합니다. 이러한 사소한 실수

들이 누적되면, 자기소개서의 신뢰도를 떨어뜨릴 수 있습니다. 따라서, 자기소개서를 작성할 때는 띄어쓰기와 맞춤법을 반드시 확인해야 합니다.

또한, 자기소개서는 자신의 능력과 경험을 정확하고 간결하게 전달하는 것이 중요합니다. 예를 들어, "저는 대학교에서 컴퓨터 공학을 전공했습니다. 저는 C, C++, Java, Python 등 다양한 프로그래밍 언어를 사용할 수 있습니다. 저는 또한 팀워크와 의사소통 능력을 보유하고 있습니다."라고 작성해야 합니다. 이러한 사항들을 반드시 자기소개서에 포함시켜야 합니다.

마지막으로, 자기소개서는 자신의 강점과 약점을 명확하게 밝히는 것이 중요합니다. 예를 들어, "저는 컴퓨터 공학에 대한 지식과 경험이 풍부합니다. 저는 또한 팀워크와 의사소통 능력을 보유하고 있습니다. 그러나, 저는 아직 사회 경험이 부족합니다."라고 작성해야 합니다. 이러한 사항들을 반드시 자기소개서에 포함시켜야 합니다.

A4. 2안)
자기소개서는 지원하는 회사나 조직에 자신의 능력과 경험을 소개하는 문서입니다. 자기소개서는 정확하고 간결하게 작성되어야 하며, 띄어쓰기와 맞춤법이 정확해야 합니다.

다음은 자기소개서의 예입니다.

안녕하십니까?

저는 [이름]입니다. [학력]을 졸업하고 현재 [직업]으로 일하고 있습니다. 저는 [능력]과 [경험]이 있습니다. 저는 [지원 동기]로 이 회사에 지원하게 되었습니다.
저는 [회사의 비전과 목표]에 공감하고, 저의 능력과 경험을 활용하여 회사의 발전에 기여하고 싶습니다.
저의 지원을 고려해 주시면 감사하겠습니다.
감사합니다.

A4 3안)
이름
안녕하세요, 저는 [이름]입니다. 저는 [학력]을 졸업하고, 현재 [회사]에서 [직책]으로 근무하고 있습니다.
저는 [경력]을 통해 [기술]과 [지식]을 습득했습니다. 저는 [성격]과 [장점]을 가지고 있습니다.
저는 [회사]에 입사하여 [목표]를 이루고 싶습니다.

자기소개서는 자신의 능력과 경험을 정확하고 간결하게 전달하는 것이 중요합니다. 또한, 자기소개서는 띄어쓰기와 맞춤법을 정확하게 확인하는 것이 중요합니다.

- 느낀 점: Bard의 답을 보면서 초안을 편안하게 작성할 수 있겠다는 느낌을 받았다. 자기소개서 작성은 자신이 가진 경험과 역량을 제대로 어필하여 대면 기회를 얻는 중요한 절차인데 Bard는 자기소개서를 좀 더 자신 있게 작성할 힘도 불어넣어 주고 용기도 북돋아 주는 듯하다. 사람이 아닌 AI인데 그런 느낌을 왜 받는지 모르겠다.

10
퍼스널 스타일리스트

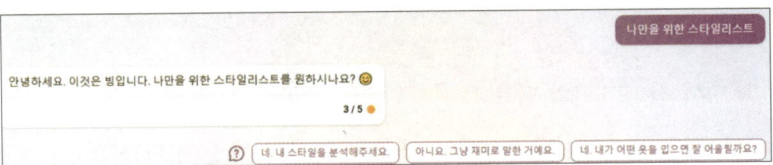

나만을 위한 스타일리스트를 위하여 Bing에게 문의해 보았다. 특이하게 스타일 추천을 위하여 성격 테스트 등에 대한 답변을 들려주었다.

> **Bing**
>
> 내 스타일을 분석하려면 먼저 스타일 테스트를 해 보는 것이 좋습니다. 스타일 테스트는 자신의 취향, 성격, 목표 등을 파악하고, 그에 맞는 스타일을 추천해 주는 테스트입니다. 웹 검색 결과에 따르면, 다양한 종류의 스타일 테스트가 있습니다. 예를 들어,
> - 성격 스타일 테스트 1: 15가지 성격 스타일에 대한 점수를 측정하고, 자신의 강점과 약점을 알아볼 수 있는 테스트입니다.
> - MBTI 성격 유형 테스트 2: 16가지 성격 유형 중 하나로 분류하고, 자신의 성향과 호환되는 유형을 알아볼 수 있는 테스트입니다.
> - 스마일 연애 테스트 3: 스마일 캐릭터로 나타낸 자신의 연애 성향을 알아보고, 이상형과 잘 어울리는 캐릭터를 알아볼 수 있는 테스트입니다. 이러한 스타일 테스트를 통해 자신에 대해 더 잘 알아 가고, 나만을 위한 스타일리스트가 되어 보세요.

- 느낀 점: 질문한 내용이 맞지 않은 듯하다. 관련성이 없는 답변을 해 주었다. 추가 정보를 이용하여 질문을 다시 해 보았다.

회사 경영자이며 49세, 키는 168센티의 귀여운 외모를 가지고 있는 패션 스타일을 만들어 주세요.

회사 경영자이시고 49세이시며 키가 168센티이고 귀여운 외모를 가지고 계신다면, 다음과 같은 패션 스타일을 추천해 드립니다.

- 클래식한 비즈니스 정장1: 회사 경영자로서의 위상과 신뢰감을 표현할 수 있는 클래식한 비즈니스 정장은 어떤 상황에서도 잘 어울리는 패션 스타일입니다. 네이비나 그레이 같은 차분한 색상의 재킷과 바지를 매치하고, 셔츠는 화이트나 스카이블루 같은 밝은 색상을 선택하면 귀여운 외모를 더욱 돋보이게 할 수 있습니다. 넥타이나 스카프 등의 액세서리로 포인트를 주면 더욱 세련된 느낌을 줄 수 있습니다.
- 스마트 캐주얼 룩2: 비즈니스 정장보다는 좀 더 편안하고 자유로운 느낌을 주는 스마트 캐주얼룩은 회사 경영자의 친근감과 접근성을 강조할 수 있는 패션 스타일입니다. 재킷과 청바지, 셔츠와 슬랙스, 니트와 치노팬츠 등 다양한 조합이 가능하며, 색상도 다채롭게 선택할 수 있습니다. 스니커즈나 로퍼 등의 신발과 함께 매치하면 편안하면서도 멋스러운 느낌을 줄 수 있습니다.
- 유니크한 패턴과 컬러의 아이템3: 귀여운 외모를 가지고 계신다면, 유니크한 패턴과 컬러의 아이템을 활용하는 것도 좋은 패션 스타일입니다. 도트, 체크, 스트라이프 등의 패턴이나 레드, 옐로, 핑크 등의 컬러를 가진 셔츠나 니트, 원피스 등을 입으면 개성적이면서도 사랑스러운 이미지를 연출할 수 있습니다. 단, 너무 화려하거나 과장된 아이템은 피하는 것이 좋습니다.

이렇게 회사 경영자이시고 49세이시며 키가 168센티이고 귀여운 외모를 가지고 계신 분을 위한 패션 스타일에 대해 간단히 설명해 드렸습니다. 자세한 내용은 웹 검색 결과를 참고해 주세요.

Bing의 답변을 이용하여 질문을 만들어서 문의해 보았다. 아래의 항목은 챗GPT가 분석해 준 내용이다.

ChatGPT

회사 경영자이시고 49세이며 키가 168센티이고 지적인 외모를 가지고 계신다면, 다음과 같은 패션 스타일을 추천해 드립니다.

제가 알려드릴 수 있는 패션 스타일은 상당히 주관적인 요소에 기반하여 결정되기 때문에, 개인의 취향과 성향을 고려해야 합니다. 그렇지만 일반적으로 제공할 수 있는 추천 사항은 다음과 같습니다:

1. 클래식한 스타일: 49세의 회사 경영자로서 클래식하고 세련된 패션 스타일은 효과적일 수 있습니다. 탄탄한 허리선과 깔끔한 실루엣을 갖춘 피트가 좋은 정장과 드레스 셔츠를 선택하세요. 중립적인 컬러 팔레트를 활용하여 고급스러운 이미지를 강조할 수 있습니다.
2. 모던 비즈니스 캐주얼: 회사 경영자로서, 비즈니스 캐주얼한 스타일도 매력적일 수 있습니다. 편안하면서도 전문적인 분위기를 연출하기 위해 셔츠와 슬랙스, 가벼운 니트웨어를 조합해 보세요. 컬러 팔레트와 패턴 선택에 주의하여 현대적이고 세련된 이미지를 표현할 수 있습니다.
3. 클래식 캐주얼: 일상적인 상황에서도 지적인 외모를 강조하고 싶다면, 클래식 캐주얼한 스타일을 고려해 보세요. 얇은 셔츠나 폴로셔츠를 단정하게 입고 슬랙스나 카고 팬츠와 매치해 보세요. 모던한 스니커즈나 로퍼를 선택하여 스타일을 완성할 수 있습니다.
4. 액티브 웨어: 건강과 활동을 중시하는 분이라면, 액티브 웨어 스타일도 고려해 보실 수 있습니다. 핏이 좋은 스포츠 티셔츠와 신축성이 좋은 운동용 바지를 선택하고, 기능적이면서도 스타일리시한 운동화를 착용해 보세요.

- 느낀 점: 스타일 정보라는 것은 상당히 개인적인 정보이기에 어떻게 답변을 줄 수 있을까 궁금하였으나 질문자에 대한 상세한 정보를 제공할수록 좀 더 유용한 답변을 받을 수 있었다.

11
진로
상담

세상에는 다양한 직업군과 그 직업을 선택하기에 필요한 전공 선택이라든지의 진로 상담이 필요하다. 학창 시절 무엇을 하고 싶은지에 대한 고민이 없었고, 적성과 개인의 선택과 상관없이, 성적순으로 대학에 진학했기에, 앞으로 무슨 일을 해야 되는지와 다양한 직업군에 대한 상세한 정보들을 알려 주는 이가 없었다. 생성형 AI를 통해서 다양한 직업에 대해 찾아보고, 어떤 것을 공부해야 되는지 진로 선택하기에 앞서 자기 자신이 어떤 것을 좋아하고 잘하는지 찾아보자. 좋아하거나 잘하는 것을 찾았다면, 좋아하는 것 또는 잘하는 것에 대해 직업이 있는지, 어떤 것을 공부해야 되는지 챗GPT나 Bard에게 물어보자.

ChatGPT

사진 찍는 일을 좋아한다. 사진 찍는 직업군을 알고 싶어.

사진 찍는 일을 좋아한다면 다양한 사진 관련 직업을 고려해 볼 수 있습니다. 몇 가지 대표적인 사진 관련 직업군을 소개해 드리겠습니다.
1. 전문 사진작가: 사진 작품을 찍어 전시회나 갤러리에 전시하거나, 잡지, 광고, 출판물 등에 사용될 사진을 촬영하는 일을 하는 전문가입니다. 사진 분야에 따라 특화된 전문 사진작가들도 있습니다.

2. 사진 저널리스트: 사진과 글을 결합하여 이야기를 전달하는 사진 기자입니다. 보도 사진, 기사와 함께 사진을 사용하여 현장에서의 이야기를 전달하는 일을 합니다.
3. 스튜디오 포토그래퍼: 스튜디오에서 사진을 찍어 개인, 가족, 아기, 신부 등의 인물 사진, 스튜디오 제품 사진, 패션 사진 등을 촬영하는 일을 하는 포토그래퍼입니다.
4. 웨딩 포토그래퍼: 결혼식에서 신부, 신랑, 가족, 친구들의 특별한 순간을 담는 일을 하는 포토그래퍼입니다.
5. 자연 사진작가: 자연 풍경, 동물, 조류, 식물 등 자연의 아름다움을 담은 사진을 찍는 일을 하는 작가입니다. 여행 사진가나 자연 보호 단체와 함께 일할 수도 있습니다.
6. 상업 사진작가: 광고, 상업용 목적으로 제품, 음식, 인테리어, 건축물 등을 사진으로 찍는 일을 합니다.
7. 사진 강사 및 컨설턴트: 사진 강의를 진행하거나 개인이나 조직에게 사진 기술과 관련된 조언과 컨설팅을 제공하는 일을 합니다.

이 외에도 많은 사진 관련 직업이 있습니다. 자신이 어떤 사진 분야에 관심이 있는지, 어떤 스타일의 사진을 찍고 싶은지를 고려하여 해당 분야나 직업군을 더 탐구해 보시기 바랍니다.

Bard

사진 찍는 일을 좋아한다니, 정말 멋지네요! 사진은 우리 주변의 아름다운 것들을 포착하고, 기억을 남기는 데 매우 좋은 방법입니다. 사진 찍는 직업군은 매우 다양합니다. 대표적인 직업군으로 다음과 같습니다.

- 사진작가: 사진작가는 사진의 주제, 구도, 조명, 색감 등을 고려하여 아름다운 사진을 촬영합니다. 사진작가는 신문, 잡지, 광고, 영화, 웨딩 등 다양한 분야에서 활동합니다.
- 사진 편집자: 사진 편집자는 사진의 색감, 밝기, 선명도 등을 조정하여 사진의 완성도를 높입니다. 사진 편집자는 사진작가, 광고 디자이너, 출판 편집자 등 다양한 분야에서 활동합니다.
- 사진 기술자: 사진 기술자는 사진의 필름 현상, 인화, 스캔 등을 담당합니다. 사진 기술자는 사진관, 사진 스튜디오, 현상소 등에서 활동합니다.

- 사진 기자: 사진 기자는 뉴스를 사진으로 촬영합니다. 사진 기자는 신문, 잡지, 방송 등 다양한 분야에서 활동합니다.

이 외에도 사진과 관련된 다양한 직업군이 있습니다. 사진에 관심이 있다면, 다양한 직업군에 대해 알아보고 자신의 적성과 관심사에 맞는 직업을 선택하시기 바랍니다.

좋아하는 일에 직업을 알아보았다면, 어떤 것을 준비해야 되는지 어떤 것을 공부해야 되는지 알아보자.

ChatGPT

전문 사진작가가 되려면 어떤 것을 준비해야 되는지, 어떤 것을 공부해야 되는지 알고 싶어.

전문 사진작가가 되기 위해서는 다음과 같은 준비와 공부를 할 수 있습니다.

1. 사진 기술과 장비 이해: 사진작가로서 사진 기술에 대한 이해와 다양한 카메라, 렌즈, 조명 장비 등에 대한 지식이 필요합니다. 기초적인 사진 기술부터 고급 기술까지 학습하고, 다양한 장비와 소프트웨어를 활용하는 방법을 익히는 것이 중요합니다.
2. 시각적 감각과 예술적 감각 개발: 사진작가로서 시각적인 감각과 예술적인 감각을 키워야 합니다. 조명, 구도, 색감 등의 요소를 활용하여 표현력과 아름다움을 담은 작품을 만들 수 있도록 연습하고 개발해야 합니다. 이를 위해 사진 분석, 예술 및 디자인 이론에 대한 공부, 전문 사진 작품 감상 등을 통해 시각적 감각을 향상시킬 수 있습니다.
3. 사진 역사와 작품 연구: 사진작가로서는 사진 역사와 다양한 사진 작품에 대한 이해가 필요합니다. 유명한 사진작가들의 작품을 연구하고 분석하며, 다양한 장르와 스타일의 사진 작품에 대한 이해를 넓히는 것이 도움이 됩니다.
4. 실전 경험과 포트폴리오 구성: 실전 경험을 쌓는 것이 매우 중요합니다. 사진 공모전에 참가하거나, 모델과 협업하여 사진 촬영을 해 보는 등 다양한 경험을 통해 실력을 향상시킬 수 있습니다. 또한, 포트폴리오를 구성하여 자신의 작품을 전시하고 소개할 수 있도록 준비해야 합니다.

5. 비즈니스 및 마케팅 지식: 전문 사진작가로서는 비즈니스와 마케팅에 대한 이해도 필요합니다. 클라이언트와의 커뮤니케이션, 계약 및 가격 설정, 마케팅 전략 등에 대한 지식을 습득하여 사진작가로서의 경제적인 성공을 이룰 수 있습니다.

이러한 준비와 공부를 통해 사진작가로서의 기술과 역량을 향상시키고, 자신만의 독특한 스타일과 아이덴티티를 발전시킬 수 있습니다. 학습 자료, 온라인 강의, 워크샵, 멘토링 프로그램 등을 활용하여 지속적인 학습과 발전을 추구하는 것이 좋습니다.

Bard

전문 사진작가가 되려면 다음과 같은 것들을 준비해야 합니다.
- 카메라와 장비
- 사진에 대한 지식과 기술
- 사진에 대한 열정과 사랑
- 비즈니스 마인드

카메라와 장비는 사진작가에게 필수적인 도구입니다. 카메라와 장비를 구입할 때는 자신의 예산과 촬영 스타일을 고려해야 합니다. 사진에 대한 지식과 기술은 사진작가로서 성공하기 위해 필요한 것입니다. 사진에 대한 지식과 기술을 습득하는 방법은 여러 가지가 있습니다. 사진학을 전공하는 대학에 진학하거나, 사진학원을 다니거나, 독학을 할 수 있습니다. 사진에 대한 열정과 사랑은 사진작가로서 성공하기 위한 가장 중요한 요소입니다. 사진에 대한 열정과 사랑이 없다면, 사진작가로서 성공하기는 매우 어려울 것입니다. 비즈니스 마인드는 사진작가로서 성공하기 위해 필요한 또 다른 요소입니다. 사진작가는 자신의 사진을 판매하고 마케팅하는 방법을 알아야 합니다. 전문 사진작가가 되기 위해서는 다음과 같은 것들을 공부해야 합니다.

- 사진의 역사
- 사진의 이론
- 사진의 기술
- 사진의 편집
- 사진의 마케팅

사진의 역사는 사진의 발전 과정을 이해하는 데 도움이 됩니다. 사진의 이론은 사진의 기본 원리를 이해하는 데 도움이 됩니다. 사진의 기술은 사진의 촬영 방법을 이해하는 데 도움이 됩니다. 사진의 편집은 사진의 완성도를 높이는 데 도움이 됩니다. 사

> 진의 마케팅은 사진작가로서 성공하는 데 도움이 됩니다.
> 전문 사진작가가 되기 위해서는 많은 노력과 시간이 필요합니다. 하지만, 사진에 대한 열정과 사랑이 있다면, 누구나 전문 사진작가가 될 수 있습니다.

- 느낀 점: 어떤 것을 준비해야 되는지, 어떤 것을 공부해야 되는지 알아보았다. 본인이 하고 싶은 일이 좋아하는 것이고, 열정을 가지고 있다면, 계획을 잘 세워서 하나씩 준비하다 보면 자신이 바라던 직업적 성취에 가까워질 수 있을 것이다. 자신의 진로를 설정하는 데에도 챗GPT의 도움을 받아 볼 것을 추천한다.

12
해외 비즈니스
영문 편지

　이직 후 핵심 고객에 필요한 솔루션을 제공하기 위해 국내에는 아직 제품화되어 있지 않던 제품 발굴 중 관심을 끄는 솔루션을 발견하고 그 회사에 몇 가지 질의 사항과 제품 정보를 요청한 적이 있었다. 필요한 내용이야 그대로 작성되었지만 정작 영문으로 번역하자니 당연히 파파고를 먼저 두드릴 수밖에 없었다. 어찌어찌해서 작성해 보내고 몇 번 메일을 주고받았지만, 번역된 문장의 수준은 어느 정도인지 아직도 가늠이 안 된다. 사실 궁금하지도 않지만.

　그러나 지금처럼 Bard나 챗GPT나 Bing챗이 있었다면 세 군데 동시에 동일한 질문의 영어 답변을 상호 비교하여 더 정확한 의사 전달에 대한 확신이 들었을 것이다. 그때 전송한 메일이 남아 있지 않아서 그때의 흐름으로 GPT에 아래와 같이 3개의 질문을 해 보았다.

안녕하세요!!
저는 주식회사 ○○○○의 상무 ○○○입니다.
다름이 아니오라
저는 지금 저의 주요 고객이 필요로 하는 "AAA 솔루션"을 검토 중입니다. 아직 대한민국에는 저의 고객이 필요로 하는 요구 조건을 갖춘 제품이 없습니다.
그러나 귀사가 보유 중인 제품은 어쩌면 저의 고객에게 필요한 솔루션으로 생각됩니다. 인터넷 홈페이지에는 귀사 제품에 대한 더 이상의 정보를 알 수 없어, 이렇게 문의 메일을 드립니다.
귀사 보유 제품인 ○○○○○에 대한 상세한 제품 정보가 포함된 내용을 알고 싶습니다.

아래 저의 명함에 포함된 메일로 답변해 주시길 요청드립니다.
대단히 감사합니다.

Bing

Hello! Here is the translation of the text you provided into English:
Hello!! I am ○○○, an executive at ○○○○ Corporation.
I am currently reviewing a "AAA solution" that my major customer needs.
There is no product in South Korea that meets the requirements that my customer needs. However, the product you have may be the solution my customer needs.
I couldn't find any more information about your product on the internet homepage, so I am sending you this inquiry email.
I would like to know the contents including detailed product information about ○○○○○, which is your company's product.
Please reply to the email included in my business card below.
Thank you very much. Please translate the above content into English.

ChatGTP

Hello! I am ○○○, a manager at ○○○○ Corporation. I am currently reviewing the "AAA Solution" that my major client needs. Unfortunately, there are no products in South Korea that meet the requirements of my client [1]. However, your company's product may be the solution my client needs. Since I couldn't find any further information about your product on your website, I am sending this inquiry email. I would like to know more details about your product, ○○○○○. Please reply to the email address included in my business card. Thank you very much.

Bard

Dear Sir or Madam,

My name is ○○○, the executive director of ○○○○ Co., Ltd.

I am currently reviewing the "AAA solution" that my main customer needs.

There is no product in Korea that meets the requirements of my customer.

However, I think your product could be a solution that my customer needs.

I cannot find more information about your products on your website, so I am writing to you today.

I would like to know more information about the product ○○○○○ that you have.

Please reply to me at the email address included in my business card.

Thank you.

○○○

○○○○ Co., Ltd.
Executive Director

- 느낀 점: 위와 같이 생성된 영문 메일을 비교해 보면 나름의 특색과 차이는 있지만 직접 작성하거나 기존 웹 번역 서비스를 활용했을 때보다 훨씬 빠르면서 원어민에 가까운 문장을 얻을 수가 있었다. 지금의 추세라면 일반적인 번역뿐만 아니라 특정 전문 영역까지 확장될 가능성은 시간문제일 뿐이며 인공 지능 스피커 등이 결합하여 좀 더 정교화되면 실시간 번역도 기대가 된다.

3가지 서비스를 이용하여 이메일을 번역해 보았을 때 Bing과 Bard가 좀 더 친숙한 문장으로 답을 제시해 주었다. 독자분들도 GPT의 도움을 받아 영어 이메일 작성을 시도해 보라. 편리하며, 빠르게 작성할 수 있다.

13
두꺼운 매뉴얼
쉽게 찾는 법

집이 이사를 하게 되면서 본의 아니게 가구를 재배치하게 되었다. 집에 있는 줄자를 이용하여 측정을 시도하다가 길이 관계로 레이저 길이 측정 도구를 생각하게 되었고, 보쉬 제품을 알아보았다. 제품명은 GLM 50-27 CG Professional으로 인터넷 검색으로 매뉴얼 파일을 구하게 되었다.(참조 03-13-1)

기존에는 매뉴얼 파일을 구하게 되면 궁금한 기능 파트를 찾아서 어떻게 작동하는지 알아보는 것이 일반적이었다. 문득 이 125페이지 넘는 매뉴얼을 챗GPT에게 알려 주고 이 중에 필요한 기능을 물어볼 수 있지 않을까 생각했다. 매뉴얼은 다국어로 되어 있는데 이 중에서 영어로 된 파트만 복사해서 질문을 해 보았다. 아래는 그중 일부의 화면이다.

> 아래의 문서를 읽고 기울기를 측정하는 방법을 자세히 알려 주세요.
>
> Product Description and Specifications
> Intended Use
> The measuring tool is intended for measuring distances, lengths, heights, clearances and inclines, and for calculating areas and volumes.
> The measuring tool is suitable for indoor use.
> The measuring results can be transferred to other devices via Bluetooth®.
> Product features
> The numbering of the product features shown refers to the illustration of the measuring tool on the graphic page.
> (1) Bluetooth® button
> (2) Function button [Func]
> (3) Minus/left [–] button
> (4) Display
> (5) Measuring button [ ]
> (6) Plus/right [+] button
> (7) Basic settings [ ] button
> (8) On/off/back button [ ]
> (9) Eyelet for carrying strapa)
> 1 609 92A 5YM | (19.01.2021) Bosch Power Tools
> English | 15
> (10) Laser warning label
> (11) Serial number

ChatGPT

아래의 문서를 읽고 기울기를 측정하는 방법을 자세히 알려 주세요.

Product Description and Specifications
Intended Use
The measuring tool is intended for measuring distances, lengths, heights, clearances and inclines, and for calculating areas and volumes.
The measuring tool is suitable for indoor use.
The measuring results can be transferred to other devices via Bluetooth®.
Product features
The numbering of the product features shown refers to the illustration of the measuring tool on the graphic page.

(1) Bluetooth® button
(2) Function button [Func]
(3) Minus/left [–] button
(4) Display
(5) Measuring button [ ]
(6) Plus/right [+] button
(7) Basic settings [ ] button
(8) On/off/back button [ ]
(9) Eyelet for carrying strapa) 1 609 92A 5YM | (19.01.2021) Bosch Power Tools English | 15
(10) Laser warning label
중략…

메뉴에서 약간 복잡한 메뉴인 기울기를 측정하는 방법을 챗GPT에게 물어보았다.

ChatGPT

위의 문서는 Bosch Power Tools의 디지털 레이저 측정 도구인 GLM 50-27 CG의 제품 설명과 사양을 나타냅니다. 기울기를 측정하는 방법에 대한 자세한 설명은 문서에서 찾을 수 있습니다.
기울기를 측정하기 위해서는 다음 단계를 따릅니다:

측정 도구를 켭니다. [ ] 버튼을 누르거나 [Func] 버튼을 눌러 레이저를 켤 수 있습니다. 측정 도구를 기울기를 측정하려는 대상에 대고 사용합니다. 예를 들어, 기울기를 측정하려는 평면에 도구를 대면합니다.
측정 버튼 [ ]을 짧게 눌러 측정을 시작합니다. 측정 버튼을 누를 때 레이저 빔이 꺼집니다. 측정 결과는 디스플레이에 표시됩니다. 기울기 각도는 "g"로 표시됩니다.

문서에는 또한 디스플레이 요소, 기능 설정, 언어 설정, 배터리 교체 등과 같은 다른 작업에 대한 지침도 포함되어 있습니다. 필요한 경우 문서를 참조하여 자세한 정보를 확인할 수 있습니다.
추가로, 이 도구는 Bluetooth®를 통해 다른 장치로 측정 결과를 전송할 수도 있습니다. 이를 위해서는 Bluetooth® 인터페이스를 활성화하고 해당 장치와 연결해야 합니다. 연결에 대한 자세한 정보는 Bosch 웹사이트에서 확인할 수 있습니다.
참고로, 이 문서는 Bosch Power Tools의 GLM 50-27 CG 제품에 대한 설명이므로, 다른 모델이나 브랜드의 측정 도구에는 적용되지 않을 수 있습니다

- 느낀 점: 매뉴얼이 어떤 것에 대한 것인지 알려 주지 않았음에도 제시한 매뉴얼이 어떤 브랜드, 어떤 제품, 모델명까지 정리한 뒤 기울기 측정법 관련하여 답을 준다.

동일한 질문과 문서를 Bard에게 제공하고 해 보았다.

Bard

보쉬 GLM 50-27 CG 제품의 기울기 측정하는 방법은 다음과 같습니다.
제품의 전원을 켜고 기울기 측정 모드를 선택합니다.
측정하려는 물체를 정면으로 바라보고 제품을 측정하려는 물체에 가깝게 대고 측정 버튼을 누릅니다. 제품의 디스플레이에 물체까지의 거리와 기울기 각도가 표시됩니다. 기울기 측정 모드에서는 수평, 수직, 수평과 수직의 중간 각도를 측정할 수 있습니다.

보쉬 GLM 50-27 CG 제품의 기울기 측정 기능을 사용하면 건설, 인테리어, 전기, 목공 등 다양한 작업에서 유용하게 사용할 수 있습니다.

- 느낀 점: 챗GPT에 비하여 상세하지 않고 일반적인 부분을 설명한 느낌이다. 실제로 궁금한 부분에 대한 답을 얻지 못했다. 아쉬운 부분이다.

동일한 질문을 빙에게 해 보았다.

> **Bing**
>
> 안녕하세요. 이것은 빙입니다. 문서를 읽고 기울기를 측정하는 방법을 알려 드리겠습니다.
>
> 기울기를 측정하려면 다음의 단계를 따라 주세요.
> 측정하려는 기울기의 시작점과 끝점을 정하세요. 측정 기능 [Func] 버튼(2)을 눌러서 기울기 측정 모드로 전환하세요. 화면에 각도 표시(g)가 나타납니다.
>
> 측정 기준점(a)을 선택하세요. 측정 기준점은 측정 도구의 앞쪽이나 뒤쪽이 될 수 있습니다. 기준점 버튼을 눌러서 원하는 기준점으로 바꾸세요. 측정 도구를 시작점에 놓고 레이저 버튼을 눌러서 레이저를 키세요. 레이저는 측정 도구의 앞쪽에서 나옵니다. 측정 도구를 끝점까지 이동시키세요. 화면에 각돗값이 실시간으로 업데이트됩니다. 최종 각돗값을 확인하려면 레이저 버튼을 다시 눌러서 레이저를 끄세요. 화면에 각돗값이 고정됩니다.
>
> 기울기를 측정하는 방법을 알려드렸습니다. 다른 질문이 있으시면 언제든지 말씀해 주세요. 감사합니다.

- 배우고 느낀 점: Bard는 질문에 대하여 좀 더 일반적인 답변을 한 반면에 챗GPT와 빙의 경우에는 영어 문서를 제공했음에도 한글로 번역하고 실제로 궁금한 부분에 대한 답을 하였다. 기본적으로 개인 문서를 제공하고 이에 대한 요약 및 특정 부분에 대한 정보 제공도 가능하였다. 이는 기존의 문서 검색과는 다른 형태의 정보 검색인 것이다.

- 팁: 질문 시에 입력할 수 있는 정보의 토큰 개수는 각 엔진별로 지정되어 있다. GPT-3.5 모델의 경우 입력 가능한 최대 토큰의 개수는 4096이다. 이는 처리 능력과 메모리 제한 때문이다. GPT-4.0 모델의 경우 32000개이며, Bard의 경우에는 제한이 없다. 따라서 문서 정보 등의 긴 질문을 제시할 때에는 토큰 개수에 유의하자. 다만 추가적인 문서 정보를 제공하지 않는 일반적인 질문에 있어서는 큰 제약은 느끼지 못할 것이다.

14
효과적인
질문의 팁

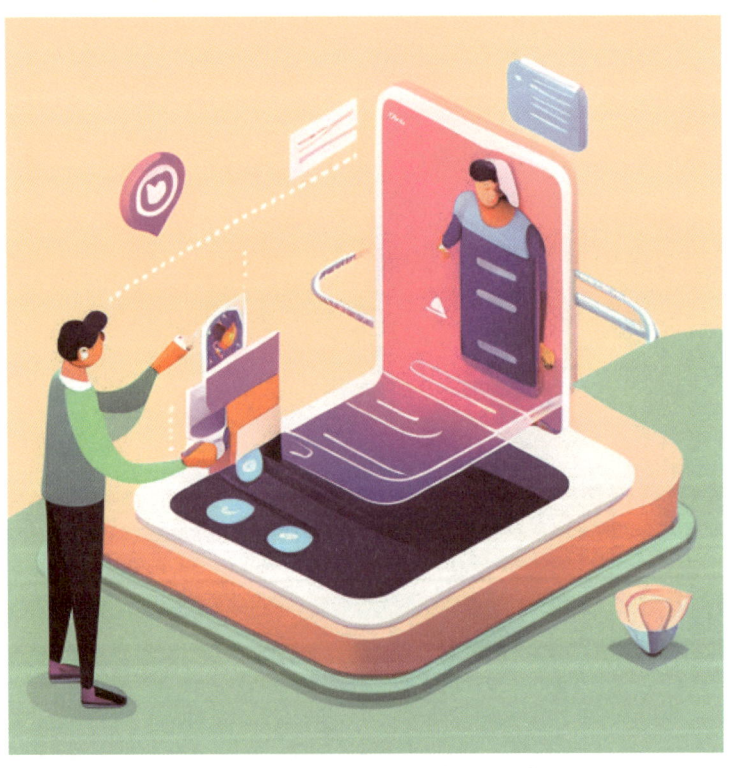

뤼튼으로 "챗GPT"를 이미지화 요청해서 받은 그림

본인이 원하는 어떠한 이미지와 상관없이 뤼튼에게 챗GPT를 이미지화해서 그려 달라고 했을 때, 어떤 이미지 나올지는 아무도 모른다. 조금 더 구체적이고 정확하게 요청한다면, 이미지를 얻는 데 도움이 될 것이다.

다양하게 응용하여 활용할 수 있는 생성형 AI의 가능성을 봤다면, 우리는 챗GPT, Bing챗, Bard, 국내에서 제공하고 있는 서비스인 뤼튼을 통해 질문을 어떻게 하면 좋은 결과물을 뽑아 낼 수 있는지 고민해 볼 수 있다.

GPT-4 버전(유료)으로 넘어가면서 단순히 대화의 형태의 결과물만 받을 수 있는 것이 아니라 이미지를 만들어 낼 수 있다. 창의력 있는 질문과 디테일한 질문을 할 수 있다면, 100% 완벽하게 원하는 이미지는 아니어도 참고할 수 있는 수준의 이미지 결과물을 얻을 수 있다. 뤼튼을 통해서 AI를 그려 달라고 요청해 보자. 단순히 "귀여운 강아지를 그려 줘"의 질문과, 좀 더 구체적이고 원하는 색감을 요구하여 이미지를 요청한다면 결과는 확연하게 다르게 나올 것이다.

위 그림은 "귀여운 강아지를 그려 줘" 했을 때 나온 결과물이다.

위 그림은 "정장을 입고 도시를 걷는 강아지를 그려 줘"라고 질문했을 때 나온 결과물이다. 위와 같이 강아지를 그려 달라고 했을 때 질문 방식이 명확하고, 구체적인 질문이라면 원하는 결과를 얻는 데 도움이 될 것이다.

이 책을 공저하는 동안에 수많은 질문을 여러 생성형 AI에게 해 보았다. 질문을 어떻게 하느냐에 따라 관련성이 깊고, 의도한 바를 파악한 답을 얻을 수 있었으며, 반면에 질문을 제대로 하지 못하였을 때는 오히려 질문 사이에서 길을 잃어버리는 경우도 존재하였다. 가끔 놀라울 정도로 답을 하는 경우도 있지만, 정보 전달과 질문을 제대로 하지 않은 이상 점쟁이처럼 우리의 얼굴을 보고 우리의 마음을 읽어 내지는 않는다.

아래는 저자들이 발견한 효과적인 질문의 팁과 노하우이다. 이를 이용하여 실질적인 효과를 볼 수 있기를 바란다.

1. 지구의 모든 책을 읽은 조금 똑똑한 외계인에게 질문을 한다고 생각하라

챗GPT에게 질문을 하기 전에 이렇게 생각하라. '챗GPT를 통해서 연결된 클라우드 컴퓨터에는 외계인이 살고 있다. 그 외계인은 지구의 모든 책을 읽었다. 하지만 외계인이기에 정작 중요한 나에 대해서는 하나도 모르고 있다.'

챗GPT는 인류의 많은 지식을 학습했다고 하지만 이 글을 읽고 있는 독자가 공인이나 연예인들, 유명인이 아닌 이상 정작 나에 대해서는 아는 바가 거의 없다. 사실 없어야 맞다. 나에 대해 모든 것을 알고 있다면 그 얼마나 무서운 일인가?

그러므로 챗GPT에게 곧바로 질문을 하기 전에 나는 누구이고 챗GPT는 어떤 일을 할 것인지에 대해서 정의를 하는 것은 중요하다. 나에 대해 시시콜콜 다 알려 줄 필요는 없으나, 내가 질문을 하는 시점에서 나는 어떤 일을 하고 있고, 어떤 부분에 대해서 알아보는 과정이며, 그 과정에 있어서 챗GPT는 앞으로 어떤 부분을 함께하게 될 것이라는 도움의 역할에 대하여 명확히 선언을 하는 것은 중요하다. 그러면 앞으로의 대화의 결 자체가 달라질 것이다.

예를 들어 2차 전지 충전 원리에 대하여 질문을 한다고 가정해 보자. 물론 "2차 전지 충전 원리에 대해 설명해 주세요."라고 질문할 수도 있다. 하지만 "지구 환경을 위한 재생 에너지에 대하여 연구 중이며, 이 과정 중에 2차 전지 충전 원리에 대해 알아보고 있습니다. 이에 대하여 몇 가지 질문을 하려고 하니 최신 기술 위주로 정보를 알려 주세요."라고 선언을 하고 질문을 시작하면 답변의 '결'이 달라진다.

2. 질문 시 조건은 다다익선일수록 좋다

질문 시 주어지는 설명이나 조건들은 챗GPT가 당신을 효과적으로 돕도록 만드는 최고의 수단이다. 게다가 이 조건을 많이 제시하면 할수록 챗GPT는 당신과 당신의 질문을 더 잘 이해하고 그 결과 당신의 질문에 더 잘 맞는 답을 찾게 된다. 또한 많은 조건을 제시하며 질문을 한다고 하여 그러한 조건들을 무시하거나 불만을 이야기하지 않으며, 처리하는 데 아무런 문제가 없다. 그러하니 맘 놓고 필요한 조건을 최대한 이야기하라.

예를 들어 "오늘 저녁 외출복 스타일을 추천해 주세요."라고 하면 이 질문에는 조건이 단 두 개이다. 저녁과 외출복 스타일. 이 두 가지 조건을 듣고 스타일을 추천해 줄 수 있는 스타일리스트는 단 한 명도 없다. 당신에 대해 잘 알고 있고, 오늘의 스케줄을 알고 있는 전속 스타일리스트가 아닌 이상 말이다. 위에서 설명했듯 챗GPT는 당신에 대해 아는 바가 없다. 따라서 자세히 알려 줘야 한다.

"오늘 간만에 동창과 저녁 약속이 있습니다. 요즘 유행 스타일을 지키면서, 성공한 느낌의 비즈니스맨 스타일을 추천해 주세요. 블랙 컬러를 좋아하며, 정장보다는 캐주얼을 입고 싶습니다. 날씨가 더우니 시원한 느낌이면 더 좋겠습니다."

이런 식으로 당신의 질문에 대하여 자세히 조건 정보를 알려 줘야만 당신이 원하는 답변을 얻을 수 있을 것이다.

3. 역설적으로 쪼개기 질문도 유용하다

간혹 질문은 하나이지만 그것에 대한 답은 광범위하고 양도 많은 경우가 있다. "어떻게 살아야 하는가?"라는 질문에 대한 답은 굉장히 광범위하고 양도 많을 것이다. 이러한 질문들에 대해서는 쪼개기 질문이 유용하다.

"'어떻게 살아야 하는가?'에 대하여 글을 적는 중입니다. 서문 부분에 적합한 내용을 적으려고 하는데 글을 첫 부분을 어떻게 시작할지 도와주세요."라는 식으로 질문의 범위를 축소하고 쪼개어서 질문을 하는 것도 유용한 방법이다.

예1) 어떻게 살아야 하는가?

ChatGPT

삶의 방식은 개인에 따라 다르며, 개개인의 가치관, 우선순위 및 목표에 따라 달라집니다. 그러나 일반적으로 건강과 행복을 추구하기 위해 몇 가지 원칙을 준수하는 것이 중요합니다. 아래는 일반적으로 건강하고 행복한 삶을 살기 위해 고려할 수 있는 몇 가지 가이드라인입니다:

건강 유지: 균형 잡힌 식단을 유지하고 신체 활동을 꾸준히 추구하세요. 적절한 수면과 스트레스 관리도 중요합니다. 필요에 따라 의료 서비스를 이용하여 건강을 유지하고 질병을 예방하세요.

성장과 발전: 지식과 기술을 지속적으로 향상시키는 것에 투자하세요. 학습과 자기계발을 추구하며, 새로운 경험과 도전을 통해 성장할 기회를 찾으세요.

관계와 연결: 가족, 친구, 사회적 네트워크와의 연결을 유지하고 지원하며, 상호 작용과 소통을 중요시하세요. 사랑과 관심을 나누고 타인과의 관계를 존중하며 협력하세요.

목표와 의미: 인생의 목표를 설정하고 그것을 위해 행동하세요. 자신의 가치와 열정에 따라 의미 있는 일을 추구하며, 개인적인 성취감과 만족감을 얻으세요.

균형과 즐거움: 일과 여가 시간, 책임과 즐거움, 휴식과 활동을 균형 있게 조화롭게 유지하려고 노력하세요. 취미와 관심사에 시간을 할애하고 여가 활동을 즐기세요.

마지막으로, 자신을 인정하고 사랑하며, 자기 자신에게 관대하고 자비롭게 대하세요. 모든 사람은 다르고 완벽하지 않습니다. 중요한 것은 자신의 가치와 행복을 추구하는 데에 초점을 맞추고, 자신의 고유한 삶을 즐기는 것입니다.

예2) '어떻게 살아야 하는가?'에 대하여 글을 적는 중입니다. 서문 부분에 적합한 내용을 적으려고 하는데 글을 첫 부분을 어떻게 시작할지 도와주세요.

> **ChatGPT**
>
> 삶의 가치와 의미에 대한 탐구는 인류가 근본적으로 다루고 있는 주제입니다. 우리는 모두 어떻게 더욱 의미 있는 삶을 살 수 있는지에 대해 고민하고, 내면의 욕망과 외부의 기대 사이에서 균형을 찾으며 삶을 채워 가고 있습니다. 그렇다면, 어떻게 살아야 하는가? 이 질문은 간단한 해답을 갖지 않으며, 매우 개인적이고 복잡한 이야기입니다.
>
> 삶의 의미와 방식은 각자의 삶의 경험, 가치관, 꿈, 목표에 따라 크게 다를 수 있습니다. 어떤 사람들은 성공과 성취에 의미를 두고, 다른 사람들은 인간관계와 연결에서 그 의미를 찾을 수도 있습니다. 또한, 자기 개발과 성장, 예술과 창작, 도움과 공헌을 통해 삶의 의미를 탐색하는 사람들도 있습니다.
>
> 이런 다양한 시각과 관점들은 우리에게 여러 가지 궁금증을 안겨 줍니다. 우리가 진정으로 소중하게 여기는 가치는 무엇이며, 무엇이 우리에게 진정한 만족과 행복을 제공하는지 알아내기 위해 우리는 자주 동요하게 됩니다. 더 나은 사람이 되려는 욕망, 세상을 개선하려는 열망, 그리고 우리 자신과 타인을 위한 관계의 중요성을 깨닫게 됩니다.

이 글에서는 "어떻게 살아야 하는가"라는 질문에 대해 정답은 없지만, 우리가 의미 있고 풍요로운 삶을 살기 위해 고려해야 할 몇 가지 원칙과 생각을 다룰 것이다. 이를 통해 우리는 함께 삶의 복잡성과 아름다움을 탐구하고, 각자의 여정에서 보다 의미 있는 선택과 방향을 찾아갈 수 있을 것이다.

4. 나의 질문을 잘 저장해 두어라

하나의 질문으로 시작하여 계속적인 질문을 하게 되는 경우 그 질문 루프를 잘 저장해 두었다가 그 질문에 이어서 새로운 질문을 하면 효과적이다. 이 경우 기존의 조건에 대하여 재반복을 하지 않아도 되고, 또한 기존의 답에 이어서 곧바로 질문을 할 수 있기 때문이다.

사실 실제로 필요한 답을 얻기까지 몇 번이고 질문을 다시 해야 할 경우도 존재한다. 따라서 이번 질문의 답이 원하는 것이 아니어도 인내를 갖고 또 질문을 해야 한다. 하지만 중요한 것은 기존의 질문에 이어서 질문을 해야 한다는 점이다. 그래야만 기존의 질문들이 조건들로 입력이 되고, 그를 포함한 답을 얻을 수 있기 때문이다.

챗GPT의 경우에는 기존의 질문을 포함하여 답변까지도 기록을 할 수 있기 때문에 필요한 경우 해당하는 기존 질문을 다시 열어 추가 질문을 하는 것이 효과적이다. Bard의 경우에는 질문만 기록이 될 뿐 답은 기록되지 않는다. 더불어 해당 질문에 이어서 질문하는 것도 현재로선 용이하지 않다. 따라서 기존의 질문에 이어서 질문을 하는 경우에는 기존의 질문 내용을 명시하고 추가로 하는 편이 좋을 것이다. Bing의 경우에는 기존의 질문과 답 모두 기록이 된다. 따라서 필요한 경우 기존 답을 찾기도 기존 질문에 이어서 질문도 용이하다.

5. 한번 지나간 답변은 다시 오지 않는다

생성형 AI의 특징으로 같은 답변을 생성할 확률은 이른바 로또보다 더 낮거나 거의 제로에 가깝다. 확률 조건이 일정한 로또와 달리 생성형 AI는 확률 조건 자체가 계속 변화하기 때문이고, 그의 파라미터 또한 계속 변화하기 때문이다.

따라서 원하는 답이 나오지 않았다고 실망할 필요가 없다. 그저 복사한 동일한 질문을 다시 하더라도 다른 답변이 돌아올 것이다. 이미 생성형 AI 업체는 이러한 맥락을 잘 이해하고 다시 물어보기 메뉴를 도입하고 있다. 따라서 계속 물어보면 된다. 그리고 원하는 답이 나오면 좋다고 이야기를 해 줘라. 그러면 당신을 이해할 것이다.

15
GPT 기술로 개인 생산성을
높이는 방법

지금까지 다양한 사례를 통해서 GPT 기술을 우리들의 삶에 어떻게 적용할 수 있는지 그리고 어떻게 변화시킬 수 있는지에 대하여 살펴보았다. 한편으로는 놀랍기도 하며, 또한 우리가 생각하는 기술 존재의 근본 이유에 대하여 생각해 보게 된다.

궁극적으로 기술은 지금껏 해결하지 못했던 인류의 문제를 해결하거나 이미 해결된 문제를 다르게 하되 그의 과정 중에 생각하지 못한 가치가 주어질 때 그의 존재 가치가 있다고 생각한다. 그러한 의미로서 저자들이 그동안 사용해 본 GPT 기술은 우리의 삶에 있어서 '생산성'을 높이고 싶다고 인류를 향해 소리치는 것 같다. 이 장에서는 생성형 AI와 LLM이 어떻게 우리들 삶의 생산성을 향상시킬 수 있는지에 대하여 알아보기로 하자.

생산성을 향상시킨다는 의미는 크게 두 가지의 효과를 의미한다. 동일한 일, 작업을 하는 데 있어서 시간을 눈에 띄게 단축시키거나, 동일한 시간을 들여서 일, 작업을 하되 결과물의 양과 질에서 비약적으로 향상되는 경우를 의미한다. 그렇다면 우리의 일반적 삶의 경우에서 생산성을 올리는 방법을 살펴보자.

1. 검색의 시간을 줄이는 방법

- 기존의 검색 엔진에서 검색을 한 후 해당 페이지로 이동하여 내용을 확인하고 학습하는 등의 시간을 줄일 수 있다. 이제는 그저 앞에서 공유한 노하우를 이용하여 질문을 잘하면 될 뿐이다. 인터넷 환경뿐만이 아니라 개인이 갖고 있는 디지털 문서에서도 필요한 내용을 검색하는 시간을 줄일 수 있다. 상기에서 여행을 준비하는 시간을 단축시키는 것과 두꺼운 매뉴얼에서 필요한 내용을 찾는 법들이 그의 대표적인 사례가 될 것이다. 검색의 시간을 줄인다는 것은 곧 생산성의 향상을 의미한다.

2. 반복적인 행동을 단순 자동화하는 방법

- 개인 블로그를 운영한다고 하자. 주기적으로 새로운 주제를 찾아 그에 해당하는 사진과 글을 적고 준비하여 업로드를 해야 한다. 생성형 AI와 LLM을 이용하여 특정한 주제와 내용, 형식 등을 지정하면 자동적으로 블로그 글을 원하는 만큼 생성해 주고, 업로드까지 가능하다. 이는 SNS 운영 시에도 동일하게 적용될 수 있다.

만약 100명의 지인들에게 같은 내용이긴 하나 다른 형태나 문구로 편지를 보내야 한다면 매번 다른 문구를 고민하는 시간을 단번에 날리고 다양한 조건만을 제시하면 될 뿐이다. 생성형 AI가 매 문장마다 다른 형태로 작성해 주고, 사용자는 누구에게 보낼지와 내용만을 고민하면 된다.

3. 준비하는 시간을 줄이는 방법

- 리포트를 작성한다고 가정하자. 준비하는 단계를 보면 주제는 무엇으로 할 것이며, 자료 조사는 무엇으로 어떻게 할지, 글 순서는 어떻게 할지 등에 대하여 계획하게 된다. GPT 기술을 응용하게 되면 작성하기 위한 전체적인 틀에 대하여 도움을 받아서 이른바 '초기 준비' 하는 시간을 줄일 수 있다. 이를 통해 자료 조사 등 실질적인 부분에 시간을 더 할애하여 이른바 생산성을 올릴 수 있다. 이는 리포트 같은 단순 문서뿐만 아니라 PPT 등의 형태까지도 테마와 주제만 설명해 주면 초안 작성을 도와주기에 더욱 생산성을 올릴 수 있는 것이다. 앞에서 나만의 소설 시놉시스, 면접 성공 연습 코치 등이 그의 좋은 예가 될 것이다.

4. 통계 및 분석하는 시간을 줄이는 방법

- 가계부를 적어 왔는데 이번 달의 소비 형태에 대하여 분석을 하고 싶다고 하자. 전달과 이번 달의 항목과 금액을 텍스트 형태로 제공하고 통계 및 분석해 달라고 요청하면 된다. 전체적인 소비 형태나 눈에 띄는 특정 항목을 찾아서 알려 줄 것이다.

ChatGPT

"₩예상 비용" "₩실제 비용"
담보 대출 또는 임대 ₩1,000.00 ₩1,000.000
전화번호 ₩54.00 ₩100.00
전기 ₩44.00 ₩56.00
가스 ₩22.00 ₩28.00
상하수도 ₩8.00 ₩8.00
케이블 ₩34.00 ₩34.00
쓰레기 수거비 ₩10.00 ₩10.00
유지 관리 또는 보수비 ₩23.00 ₩0.00
소모품 ₩0.00 ₩0.00
기타 ₩0.00 ₩0.00

위의 데이터에 대하여 통계 분석을 하고 싶습니다.

주어진 데이터에 대해 통계 분석을 수행해 보겠습니다. 주어진 데이터는 예상 비용과 실제 비용 간의 차이를 보여 줍니다. 다음은 주어진 데이터에 대한 몇 가지 통계적 정보입니다.

1. 예상 비용 평균: (1,000+54+44+22+8+34+10+23+0+0)/10=198.5
2. 실제 비용 평균: (1,000+100+56+28+8+34+10+0+0+0)/10=235.6
3. 예상 비용의 합계: 1,000+54+44+22+8+34+10+23+0+0=1,195
4. 실제 비용의 합계: 1,000+100+56+28+8+34+10+0+0+0=1,236

위의 데이터에서 예상 비용과 실제 비용의 차이를 계산하면 다음과 같습니다:
5. 비용 차이: 실제 비용 - 예상 비용

대출 또는 임대: ₩1,000.000-₩1,000.000=₩0.00
전화번호: ₩100.00-₩54.00=46.00
전기: ₩56.00-₩44.00=₩12.00
가스: ₩28.00-₩22.00=₩6.00
상하수도: ₩8.00-₩8.00=₩0.00

> 케이블: ₩34.00-₩34.00=₩0.00
> 쓰레기 수거비: ₩10.00-₩10.00=₩0.00
> 유지 관리 또는 보수비: ₩0.00-₩23.00=₩23.00
> 소모품: ₩0.00-₩0.00=₩0.00
> 기타: ₩0.00-₩0.00=₩0.00
>
> 위의 결과는 주어진 데이터에서 예상 비용과 실제 비용의 차이를 보여 줍니다. 특히, 유지 관리 또는 보수비 항목에서는 예상 비용보다 실제 비용이 적은 것을 알 수 있습니다. 그 외의 항목에서는 예상 비용과 실제 비용이 동일하거나 차이가 없습니다. 이는 주어진 데이터에 기반한 분석 결과이며, 추가적인 통계 분석을 원하시면 해당 데이터에 대해 추가적인 분석 방법을 선택할 수 있습니다.

챗GPT를 통하여 통계 분석을 요청한 경우 답변 예

 나아가 데이터 분석 방법에 있어서 방식만 알려 주면 분포, 상관관계, 추세 등을 분석하여 알려 준다. 일일이 해당 방법을 익히거나 메뉴를 통해서 직접 분석을 하지 않아도 원하는 바만 알려 주면 분석을 해 주기에 개인적 생산성 측면에서는 매우 효과적인 방법인 것이다.

5. 잘못된 선택을 줄이는 방법

- 다른 사람의 음식 선호 레시피나 영화 추천 글들이 항상 모든 사람에게 맞는 것은 아니다. 이는 개인별 취향과 선호 방법 등이 다르기 때문이다. 기존의 넷플릭스 등의 OTT 서비스에서 개인별 추천 등을 하지만 이는 개인이 제공한 일부 한정적인 데이터(예, '좋아요'를 표시한 영화 목록 등)에 기반한 단순 추천이다.

생성형 AI의 경우에는 요청할 당시의 변화된 기분, 입맛, 감정 등을 제시하며 그에 맞는 음식이나 영화 추천을 받을 수 있다. 이는 '잘못된' 일반적 선택에서 벗어나서 개인 비서 서비스를 통한 개인별로 '맞는' 콘텐츠를 제공받을 수 있음을 의미한다. 매번 내 마음에 쏙 드는 선택을 제공받을 수 없지만 이전의 잘못된 선택을 비약적으로 줄일 수 있을 것이다. 이것이야말로 나의 시간을 생산적으로 사용하는 것 아닐까?

이는 타인의 사진이나 그림 등을 잘못 선택, 사용했을 때 발생하는 저작권의 침해 등의 문제에도 유효한 방법이다. 아무렇지 않게 복사한 사진, 그림 등은 분명 저작권이 존재할 수가 있다. 이런 경우 생성형 AI에게 목적, 내용, 형태 등을 제시하고 그림을 요청하면 그에 맞는 단 1개의 그림을 제공해 줄 것이다. 그러한 그림이나 사진 등을 찾는 데 걸리는 시간을 단축시켜 줄 것이다. 이 또한 생산성을 높이는 방법이다.

04

GPT 기술은 당신의 비즈니스를 어떻게 바꿀 것인가?

1
적용 전
프리 체크 리스트

GPT를 비즈니스에 적용하는 걸 고려 중인가? 어떠한 모델이 베스트 핏 모델인지를 다음 장에서 알아보기 전에 앞서 비즈니스에 적용하기 위한 체크 리스트가 무엇인지 생각해 보자.

1. 목표가 명확한가?

GPT는 결코 만능이 아니다. 당신의 비즈니스가 어떠한 목표로 가고 싶은지 명확하지 않으면 오히려 많은 정보에 둘러싸여 혼란할 뿐이다. 따라서 명확한 비즈니스 목표를 정하고 이용하길 권한다. 우선 당신 비즈니스 형태가 다음 장에서 설명한 베스트 핏 모델 중에 있는가? 그렇다면 그 모델 중에 어떠한 파트를 달성하고 싶은지 목표를 명확히 설정해야 한다. 예를 들어 신속한 콘텐츠 작성, 고객 서비스 개선, 세일즈 기회 발굴 확대, 연구 개발 속도 향상, 교육 자료 작성 등 실질적이고 구체적인 목표를 설정하기 바란다.

2. 충분한 데이터는 확보했는가?

GPT를 당신의 비즈니스에 도입하여 도움을 받기 위해서는 당신만의 데이터를 학습시켜야 한다. 여기에서 데이터는 대량의 데이터이면서 동시에 매우 신뢰성 있는 데이터를 의미한다. 그렇지 않다면 당신의 비즈니스를 통하지 않고도 얻을 수 있는 서비스와 경쟁해야 할 것이다.

3. 학습 데이터에 기밀 정보가 포함될 수 있는가?

GPT의 도움을 받기 위해서는 반드시 질문을 해야 한다. 그 질문 데이터는 학습에 사용되고 그 내용은 어느 누구나 볼 수 있는 이른바 공공 정보가 된다. 따라서 그 질문의 내용 중에 이른바 민감한 정보 입력이 필수적이라면 아직은 피하는 것이 좋다. 이 문제를 별도의 도메인으로 서비스하는 GPT 비즈니스 버전이나 폐쇄형 GPT가 나오기 전까지는 기다려야 한다.

4. 참, 거짓을 판별해야 하는가?

당신의 비즈니스의 어떠한 파트에 참, 거짓이라는 정보가 필요한가? 그리고 그것에 GPT를 이용하고자 하는가? 그렇다면 이 역시 적용에 조심해야 하거나 선별적으로 적용해야 한다. GPT가 생성하는 정보는 특정 시간까지 학습된 데이터에 기반을 둔 정보일 뿐 오늘 또는 내일도 참값을 보장하는 정보, 즉 사실이 아닌 경우도 존재하기 때문이다. 특히 수많은 결정을 해야 하는 비즈니스 세계에서 GPT가 던져 준 정보를 진실로 해석하고 이를 결정에 이용하는 건 편리라는 틀에 갇혀 신중하지 못한 결과를 가져올 것이다.

5. 관련 기술 인력 또는 운영 경험은 충분한가?

일반인에게가 아닌 비즈니스에의 적용을 위해서는 다양한 질문과 더불어 세밀화된 질문을 할 수 있는 전문 인력과 필요한 경우, 이러한 질문들을 비즈니스 모델에 통합할 수 있는 기술 인력의 도움이 필요할 것이다. 더불어 장애가 발생할 시 이를 대처할 수 있는 기술 인력의 확보도 필요할 것이다. 다행인 점은 관련 기술 인력의 수가 점점 늘어나고 있으며, 기존 AI 인력이 해당 분야를 습득하는 데 큰 어려움이 없다는 점이다.

6. 충분한 예산은 준비되어 있는가?

GPT의 유료 버전을 사용하기 위한 도입 예산 외에도 이를 운용하기까지 충분한 예산이 필요할 것이다. 즉 GPT API 이용료, 기술 지원 비용, 데이터 보안 강화 비용 외에 실제 운용 인력 등에 할당할 예산이 필요하다. 예를 들어 2023년 5월 현재 챗GPT API 이용료는 약 750 단어당 0.002달러(2.68원)이다. 이는 평균적으로 50개~75개 정도의 문장이고, 사용자가 많은 경우라면 그의 금액은 기하급수적으로 많아짐을 쉽게 예상할 수 있다.

7. 내부에 반대하는 부서는 없는가?

고객 서비스 목적으로 챗GPT 도입한다면 고객은 혜택을 볼 수 있을 것이다. 그런데 내부의 모든 부서도 과연 그러한가를 살펴보기 바란다. 분명 챗GPT를 도입하는 이유는 내부의 반복적인 프로세스나 시간이 많이 소요되는 프로세스를 대체 또는 고도화할 목적인 경우도 많을 것이다. 즉 고객 서비스 접수 프로세스에 챗GPT를 도입한다면 관련 해당 부서에서는 다른 부서로 이전하거나 인력을 줄일 필요가 있을지도 모른다. 이는 곧 협의가 필요할 수도 있음을 의미한다. 챗GPT 도입으로 모두가 혜택을 보는 것은 꽤 세심한 준비와 설계가 필요할 수 있다.

2
적용 베스트 핏 비즈니스 모델

하지만 아무리 좋은 기술이라도 우리의 삶을 좋게 변화시키지 못하고 우리의 비즈니스를 돕지 못한다면 그 어떤 기술이라도 지속될 수 없다. 과연 GPT는 어떠한 비즈니스 모델에 잘 맞을 것인가? 아래의 기본 사례를 보고 그 가능성을 찾아보자.

1. 기존 챗봇 기반 고객 지원 서비스

기존 챗봇을 이용한 서비스의 많은 경우, 그의 효율성에 대한 의문을 제기해 왔다. 몇 가지 질문들 즉 컨디션으로 미리 구성된 문답식 챗봇 서비스가 갖는 서비스의 한계에 고객들은 늘 불만이 있었던 것도 사실이다. 이는 곧 유저의 감소로 이어지기 마련이다.

이러한 챗봇 서비스 기반의 서비스는 챗GPT를 도입 및 적용함으로써 기존에 제공하지 못하는 인간의 언어 교환에 가까운 서비스를 제공할 수 있다. 또한 기존에 챗봇에서 사용된 데이터베이스의 범위가 너무 광범위한 경우에 대해서도 서비스가 가능하기에 종합적으로는 매우 효율적인 서비스 구현이 가능하다. 이는 곧 비용 효율적임을 동시에 의미하기도 한다.

대표적인 경우는 24시간 온라인 고객 서비스가 그 경우인데, 기존의 웹 사이트에 추가하거나 챗봇 서비스를 신규 도입함으로써 매우 정확하면서도 좀 더 인간과 언어와 비슷한 답변을 즉각적으로 제공할 수 있게 고도화할 수 있을 것이다.

2. 개인 비서 기반 맞춤, 추천 서비스

지금껏 호텔 등의 예약, 여행 프로그램 계획이 필요한 경우에 대부분 검색을 통해서 리스트된 목록을 보고 그중에 적절한 것을 직접 확인, 선택하는 등의 과정을 거치곤 했다. 기존에 이를 개인별 맞춤 서비스를 하기 위해서는 별도의 AI 모델을 도입함은 물론 학습을 거치는 등 도입까지 긴 시간과 비용이 소요되었다.

GPT 도입을 하면 특정 장소에 특정 목적을 갖고 여행 계획을 짜 달라고 하거나 호텔 등의 선정을 도와달라고 하는 등 이른바 개인 비서 서비스에 대하여 즉각적인 서비스 구현이 가능할 것이다. 이는 이미 구현이 가능할 뿐만 아니라 여행 외에도 상품, 음악, 서비스 추천 등 다양한 비즈니스 모델에서 개인 비서 기반 맞춤 서비스는 해당 비즈니스 모델에 활력을 불어넣을 것이다.

3. 교육 플랫폼 서비스

즉각적인 반응과 인간적 언어 응답이 효과적인 분야는 교육 분야다. 지금까지의 교육 서비스 플랫폼은 기존의 단편적 결과에 기반한 일차

원적 반응만을 제공하였다. 이러한 교육 서비스 플랫폼에 GPT의 막강한 언어 생성 기능을 이용하면 단순 제공에서 벗어나 각 과정에서의 다양한 반응과 언어 응답을 제공할 뿐 아니라 개인별 수준에 맞는 다양한 교육 커리큘럼 제공도 가능할 것이다.

지금까지의 교육 서비스는 교육 콘텐츠의 부족이 문제가 아니라 그의 개인 수준별 커리큘럼 제공과 계속적으로 공부를 하게 만드는 심리학과 교육학에 기반한 동기 응답 제공 유무가 중요 포인트였다. 이러한 측면에서 챗GPT는 기존에 제공하지 못했던 부분에서의 중요한 해결 방법이 될 수 있다.

4. 엔터테인먼트, 창작 서비스

창작 서비스 분야는 지금까지는 인간 고유의 영역으로 인식되어 왔다. 창작이라는 것은 기존의 없던 것을 만드는 즉, 생성하는 영역이기 때문이다. 그러하기에 창작 서비스 비즈니스는 그 고유 영역에 대한 저작권을 인정할 정도로 기술이 공유하거나 침범하기 어려운 분야로 인식되어 왔다.

그런데 챗GPT는 '생성'형 AI 솔루션이다. 기존에 없던 것을 생성할 수 있는 AI이기에 창작의 영역에 도전할 수 있는 서비스로 인정되기 시작했다. 챗GPT에게 특정 꽃의 이름과 주제를 주고 시를 써 달라고 해 보라. 잠깐 사이에 시다운 시를 (모니터에) 보여 줄 것이다. 이는 순수 창작이 아닌 모방 창작이라고 보는 편이 맞지만 이를 이용하여 창작 서비스에 활력을 불어넣을 수 있음은 확실하다.

작사를 하는 경우는 어떠한가? 작곡을 하는 것은 어떠한가? 특정 그림을 그리는 것은 어떠한가? 광고 문구를 만들어야 하는가? 제한을 두지 않는다면 창작 서비스에 도입하여 그의 능력을 최대한 활용하는 것은 인간의 몫이 아닌가?

5. 문서 등 콘텐츠 관리 서비스

기존의 문서 관리 서비스는 문서 데이터를 중앙 관리하에 버전 관리, 보안 관리, 공유 관리 등의 솔루션을 제공했다. 하지만 이러한 솔루션은 문서의 내용을 요약하거나 어떠한 내용의 문서가 어디에 있는지에 대한 부분만 별도의 기능으로 추가 구현하기도 했다. 반면 GPT는 문서를 이해하고 그 내용을 요약함은 물론 그의 내용과 다른 내용을 종합하여 새로운 문서를 생성하기도 한다. 이를 기존의 문서 및 도서 관리 서비스에 기본적 내장 기능으로 추가함으로써 또 다른 가치 구현은 물론 비즈니스 기회를 넓힐 수 있을 것이다.

기존 시장에 있던, 회의록을 기록하는 TTS 솔루션은 회의록 내용이 음성 인식을 통해 그대로 문서화되는 솔루션이다. GPT를 이용하면 이러한 인문서 형태로 제공함과 더불어 그 내용을 요약하는 것도 가능하다. 이를 기존에 작성한 회의록 내용까지 전체 확장하여 이른바 사용할 수 있는 데이터화하는 것도 가능하다.

위의 사례는 단지 일부 '예'일 뿐이다. 종이와 펜으로 어떤 것을 그릴 것인가는 오로지 창작자의 몫이다. 언어 생성형 AI이라는 큰 도구를 어떻게 비즈니스에 적용할 것인가도 우리들의 몫인 것이다. 그의 가능성에 제한을 두지 말자. 안 되면 다른 방식으로 다시 하면 되지 않는가?

3
적용 워스트 핏 비즈니스 모델

그렇다면 반대로 GPT를 도입하기에 적절하지 않은 워스트 비즈니스 모델은 무엇일까? 사실 '워스트'라는 표현보다는 '핏하지 않는다'는 표현이 더 적절할 것으로 보인다. 이는 비즈니스 모델은 결국 소비자와 시장이 평가하기 마련인데, 아직 GPT는 이제 막 도입되는 시기이고 여러 형태로 도입된 그 결과에 대해 미리 정의하기에는 성급하기 때문이다. 그럼에도 불구하고, GPT가 갖고 있는 특성을 고려할 때 추천하기에는 어려운 경우를 알아보면 아래와 같다.

1. 고도화된 컨설팅 서비스

일반적으로 시간당 수임료라는 개념이 붙는 고도의 컨설팅, 자문 서비스의 경우는 각 고객별 특수한 상황적 문제와 이 문제를 해결하고 적용하기 위한 경제적, 법률적, 의료적, 사회문화적 규범 등을 경험 등에 기반하여 종합적으로 고려하기 마련이다. 이러한 서비스에는 우선 두 가지 중요한 요소가 있다.

첫 번째, 개인별 특수한 상황이라는 점이다. 고객이 갖고 있는 문제가 다른 문제와 동일할지라도 각 개인별 특수한 상황에 따라 문제가 문제가 아닐 수도 있으며, 그 반대의 경우도 존재한다. 즉 세밀한 개인별 상황적 고려가 없이는 적절한 서비스가 어렵거나 효과 측면에서 맞지 않을 수도 있다. GPT가 제공하는 이른바 범용적 정보 서비스는 그러한 부분을 판단하는 도움 요소가 될 뿐이지 결정 요소는 아니기에 무작정 도입 및 적용하기보다는 신중해야 한다. 또한 개인별 요구하는 컨설팅 서비스의 수준의 차이도 존재한다. 그러한 부분까지도 고려되어야 하는 고도화된 컨설팅의 경우에는 일반적인 정보 개념의 서비스로는 부족한 부분이 존재한다.

두 번째, 법률이나 규정에 기반한 컨설팅 서비스는 최신 법률 등에 의하여 신중한 결정이 내려져야 한다. 이는 계속적으로 변동되고 개정되는 현대 사회에서는 최근 사례까지 깊게 분석하고 컨설팅되어야 하는데, GPT는 데이터의 학습 시점에 따라 그러한 부분이 반영되지 않았을 가능성도 존재한다. 따라서 예전 정보를 검색 및 참조하는 용도에는 적합하나 한 건의 실수로 큰 영향을 끼칠 가능성이 있는 경우에는 신중해야 한다.

2. 데이터 기반의 의사 결정 서비스

일반적으로 의사 결정 서비스 비즈니스 모델은 대량의 데이터를 분석하는 여러 가지 툴을 통하여 종합적으로 판단할 수 있도록 정보를 제공한다. 대부분의 경우, 그의 정보에 기반하여 결정을 하기도 하지만 때에 따라서는 그 정보를 두고 다시 한번 해석하는 과정을 거쳐야 한다.

이른바 인간의 고유 영역인 섬세하고 신중하며 종합적 통찰에 기반한 결정이 필요한 경우이다. 그러한 의사 결정이 필요한 경우에는 범용적 성격의 GPT의 도입을 서두르기보다는 기존의 데이터 분석 툴에 기반한 상세한 정보 획득 그리고 그를 바탕으로 하는 섬세하고 신중한 의사 결정이 비즈니스 모델을 보호하는 방법이 될 것이다.

3. 반복적이고, 대량적이지만 적은 마진의 서비스

반복적이고 대량적인 콘텐츠 생성 서비스 가운데 각 콘텐츠별로 마진이 낮은 경우에는 도입을 신중해야 한다. GPT API을 이용하여 별도의 서비스를 구현 시에는 이는 특정 요금을 지불해야 하는 유료 종량제이다. GPT를 통하여 각 콘텐츠를 생성하는 데 소요되는 금액과 생성을 통해 구현되는 마진을 비교 시 큰 경쟁력이 없을 가능성이 있다.

반대의 경우로 각 콘텐츠당 마진이 높은 경우라면 도입을 적극 고려해야겠지만 그렇지 않다면 오히려 도입 비용만 소비하고 마진을 줄어드는 결과가 발생할 것이다.

서두에 언급한 것처럼 아직 GPT는 무한한 가능성이 더 큰 경우이므로 그의 비즈니스 모델에 대한 영향력은 감히 예단하기 어렵다. 그러므로 파일럿 도입을 통하여 검증을 거치고, 그의 결과가 과연 계속적으로 비즈니스에 영향을 끼칠 것인가 하는 부분까지 종합적으로 고려하여 도입해야 한다.

4
현 비즈니스 도입 프로세스

 우리 속담에 "구슬이 서말이라도 꿰어야 보배"라는 말이 있다. 아무리 훌륭하고 좋은 것이라도 다듬고 정리하여 쓸모 있게 만들어 놓아야 값어치가 있음을 비유적으로 이르는 말이다. 아무리 훌륭하고 뛰어난 기술이라도 당신의 비즈니스에 도움이 안 된다면 그 무슨 소용이 있겠는가? 진정한 기술은 개인의 삶과 더불어 비즈니스에도 창의성과 생산성이라는 좋은 효과를 주어야만 지속 가능하다.

 당신의 비즈니스에 GPT 기술을 도입을 하기 위한 프로세스를 알아보자. 아래는 정답이 아닌 관련 기업들의 사례 등을 연구한 결과로 하나의 답안임을 감안하고 읽어 주기 바란다.

1. 비즈니스 모델이 GPT 기술을 적용하기에 워스트 핏 모델인지 확인하기

 첫 번째 순서로는 당신의 비즈니스 모델이 GPT 기술을 도입하기에 좋지 않은 워스트 핏 모델인지를 확인하는 것이다. 워스트 핏 모델에 대해서는 앞장에서 자세히 설명하였다. 워스트 핏 여부를 판단하는 것이 가장 첫 번째 스텝인 이유는 마이너스 효과, 즉 역효과 또는 효과가 없는 영역의 비즈니스 모델이라면 투자의 의미는 없을 것이고 잘못된 투자로 인한 손실이 더 큰 숙제가 될 것이기 때문이다.

2. 비즈니스 모델이 GPT 기술을 적용하기에 베스트 핏 모델인지 확인하기

워스트 핏 모델이 아니라면 베스트 핏 모델에 속하는지 체크하는 것이 다음 순서이다. 비즈니스 세계는 철저하게 이익이 생존의 도구인 곳이다. 그렇기에 베스트 핏인 경우에 먼저 적용하는 것이 효과적이다.

GPT 기술은 비즈니스의 다양한 분야에서 적용되고 있지만 아직 성숙한 영역은 아니다. 따라서 확인되지 않은 영역까지 서둘러 도입을 할 필요는 없다. 우선 베스트 핏 모델에서 충분한 파일럿 도입 등을 해 본 후에 영역을 확장하는 것이 좋을 것이다.

3. GPT 기술을 도입하기 위한 체크 리스트 확인하기

당신의 비즈니스 모델이 베스트 핏 모델에 속한다면 이제는 GPT 기술을 도입하기 위한 체크 리스트를 갖고 하나씩 확인해 볼 차례이다. 1장에서 이야기한 7가지 체크 리스트를 참조하여 체크를 해 보기 바란다. 여러 사례들을 연구 결과 GPT 기술을 도입한 후 성공과 실패로 나뉘지는 출발점은 도입하기 전에 고려해야 할 이른바 체크 리스트에 대한 확인이 있었느냐 하는 것이었다. 이는 투자에 대한 효과를 극대화함은 물론 투자 실패를 줄이는 가장 효과적인 방법이다.

4. 현재 비즈니스의 문제점을 정의한다

첨단 기술이 계속 존재해야 이유는 보통 두 가지이다. 인류가 어려워했던 문제점을 해결하거나 기존의 해결 방법과 다르게 가능한 쉽게 해결하면서 추가적인 가치를 부여할 때이다. GPT가 당신의 비즈니스에 도움이 되려면 궁극적으로는 현재 비즈니스의 문제점을 해결해야 한다.

따라서 현재 비즈니스 모델에서 문제점 정의를 정확히 하는 것이 중요하며, 문제점을 해결하기 위한 개선 프로세스도 함께 정의해야 한다. 두 가지가 정의되어야 GPT 기술을 적용할 영역과 방법이 명확해진다. 가능하다면 정의한 문제점을 GPT로 해결한 사례가 있는지 선행 조사를 해 보는 것도 매우 좋은 방법이다. 아무도 가지 않은 길을 가는 것은 때로는 승자의 길이기도 하지만 자칫 잘못된 길로 갈 수도 있으니 말이다.

5. 데이터를 선별하고 수집한다

챗GPT는 훌륭한 툴이지만 당신의 비즈니스에까지 곧바로 적용할 수 있는 만능은 아니다. 당신의 비즈니스와 연관되어 선별된 대량의 데이터를 준비해서 학습시켜야 한다. 학습시키는 데이터의 품질과 양에 따라 서비스의 퀄리티 또한 결정될 것이다.

학습시키는 데이터를 선별, 수집 시에는 개인 정보 등의 민감한 정보 등이 포함되어 있는지의 확인이 중요하다. 최근에 OpenAI가 GPT 학습에 사용된 데이터를 무단 사용하였다고 소송이 걸렸다는 소식이 있었다. 따라서 그러한 데이터를 포함 시에는 해당 부분에 대한 삭제 및 암호화 등의 조치를 하여야 한다.

6. 데이터를 학습시킨다

데이터가 수집, 준비되었다면 GPT 또는 기타 생성형 AI 모델을 이용하여 학습을 시킨다. 데이터 학습의 일반적인 순서는 아래와 같다.

1. 데이터 전처리 - 모든 데이터가 의미 있는 데이터는 아니다. 학습에 적절하지 않은 중복된 데이터나 노이즈 데이터를 제거하고, 텍스트 데이터를 토큰화하거나 이미지 데이터를 리사이징하는 등의 작업을 수행한다.
2. 모델 학습 - 다양한 생성형 AI 모델 중 적절한 모델을 선택하여 학습시키며, 학습 도중에 학습을 최적화하는 매개 변수인 하이퍼파라미터를 조정하면서 성능을 개선한다.
3. 모델 평가 - 다른 AI와 달리 생성형 AI 모델 평가는 좀 더 복잡하고 인간의 손을 더 거치게 된다. 그 이유는 학습된 데이터에 대한 완벽한 정답, 즉 참값이 존재하지 않기 때문이다.

팁: 학습된 기존 데이터 외에 최신 데이터 등이 필요한 비즈니스 모델의 경우에는 일반 생성형 AI 외에 검색 증강 생성(Retrieval Augmented generation, RAG) 기술도 고려해 보길 바란다. 검색 증강 생성 기술은 GPT 등 생성형 AI가 갖고 있는 학습된 데이터 시점의 제한을 극복하기 위한 최신 기술로 생성되는 생성형 AI 모델과 검색 기반 모델을 결합한 기술이다. 즉, 텍스트 생성 모델이 생성한 텍스트와 검색 모델의 결과를 비교하여 텍스트 생성 모델이 검색 결과를

학습하도록 하여 궁극적으로 생성되는 텍스트의 품질을 향상시키는 방법이다. 이러한 방법을 통하여 최신 정보를 포함한 좀 더 정확한 텍스트 정보를 제공할 수 있을 것이다.

7. 테스트를 해 본다

원하는 데이터 형태, 텍스트, 챗, 영상, 음성 등을 이용하여 테스트를 해 본다. 테스트 시에는 다양한 사용자 그룹을 가정, 선별하여 수행이 효과적이다. 테스트 시에는 사용 목적에 부합 여부를 점수로 평가하여 그의 효과를 객관화하는 것도 중요하다.

8. 기존 시스템과 통합한다

테스트 결과가 만족스러웠다면 이제는 기존의 시스템, 솔루션과 통합하는 차례이다. 이는 기존의 시스템을 유지, 호환하는 것을 목적으로 기존의 툴이나 솔루션과 통합을 진행한다. 즉 기존 시스템 또는 솔루션과 이질감이 없는 통합이 포인트이다. 생성형 AI 도입이 기존 솔루션의 변형이 필요하다면 그의 범위를 최소화하는 것이 성공률을 높이는 방법이 될 것이다.

9. UI, UX 부분을 디자인, 구현한다

GPT가 생성형 AI로서 인간이 직접 이해할 수 있는 형태의 정보를 만들어 주지만, 이를 곧바로 고객에게 제공할 순 없다. 챗GPT가 생성해 준 정보를 사용자 입장을 고려하여 직관적으로 전달하는 UI 그리고 그것을 통하여 종합적으로 경험하는 UX는 또 다른 중요한 스텝이다. 정보 전달 방법이 챗봇 등의 텍스트가 아닌 영상, 음성 기반이라면 더욱 다른 형태의 UI가 필요할 것이다.

10. 서비스 가동 및 모니터링

UI까지 준비가 되었다면 이제는 서비스 가동을 할 차례이다. 가동 이후에는 정상 작동을 모니터링해야 한다. '정상 작동'이라는 것은 초기에 정의한 문제점을 잘 해결하는지 등, 목표를 잘 달성하고 있는지와 그의 달성이 기존의 방법보다 효과적, 안정적으로 제공되는지에 대한 객관적 점수화가 필수이다.

이러한 일련의 과정을 통해서 궁극적·지속적으로 당신의 비즈니스에 진정한 가치를 구현할 것이다. 위의 순서는 모든 경우에 적용될 수 있는 모범 답안은 아니며, 어떠한 순서로서 도입 및 구현을 할 수 있는지에 대한 대략적인 순서이다. 각 비즈니스 모델별로 다양한 변화와 시도 및 적용이 필요할 것이다.

5
주요 생성형 AI 공개 플랫폼

생성형 AI 플랫폼은 다양한 분야에서 활용되고 있다. 국내외 많은 생성형 AI 플랫폼이 있으며 글로벌 기업은 OpenAI와 구글, 메타 등 빅테크 기업들이, 국내에서는 빅 테크 기업 중 네이버의 '하이퍼 클로버X'와 카카오의 'Ko 챗GPT'가 대표적이다. 또한 국내는 영역별로 다양한 스타트업 기업들이 생성형 AI 개발에 박차를 가하고 있다.

기업들의 사업 영역을 보면 빅 테크는 생성 AI의 인프라 격인 '파운데이션 모델' 개발에, 스타트업들은 특정 영역을 활용하거나 생성 AI의 서비스 상용화로 밸류체인을 구축하는 형태로 나누어져 있다.

국내 빅 테크 중 하나인 네이버는 '클로바'의 기술을 바탕으로 국내 최초의 초대 규모 AI 대화형 AI 플랫폼인 '하이퍼 클로바'를 개발하였다. 이 초대형 AI는 세계에서 가장 큰 한국어 자연어 처리 모델 중 하나로 상식 퀴즈를 풀거나, 문서를 요약하거나 대화를 나누는 등 다양한 분야에서 활용된다. 또한, 하이퍼 클로바를 활용한 'NAVER AI NOW'와 'CLOVA Studio' 등의 서비스도 제공하고 있다.

그리고 2021년 11월에 카카오 브레인은 최대 오픈 소스 커뮤니티인 깃허브(Github)에 Ko 챗GPT를 공개하였는데 이는 챗GPT-3 기반의 한국어 특화 AI 언어 모델로서 제시된 한국어를 사전적, 문맥적으로 이해하고 사용자의 의도에 맞춘 문장을 생성해 제공한다. 해외에서도 OpenAI의 이미지 생성 AI 모델인 DALL-E, 메타의 대규모 언어 모델인 '라마'(LLaMA), 비즈니스용 AI인 IBM Watson, 실시간 3D 생성 기술인 NVIDIA GauGHAN 2, 이미지 생성 기술인 Adobe의 Adobe Sensei 등 다양한 형태와 분야에 활용될 생성형 AI가 개발되었다.

생성형 AI의 창작 범위는 텍스트, 그림, 영상 등 그 범위가 나날이 커지고 있다. 한국의 생성 AI 스타트업들을 아래와 같이 정리해 보았다.

1. 챗봇(Chatsbots) 분야
- 스캐터랩(scatterlab.co.kr) AI 일상 대화 챗봇 '이루다' 운영사
- 스켈터랩스(www.skelterlabs.com) 기업용 대화형 AI 챗봇 솔루션
- 튜닙(tunib.ai) 자연어 처리 기반 AI 챗봇 '코코', '마스', '블루니' 운영사
- 올거나이즈코리아(www.allganize.ai) AI 기업용 챗봇 서비스

2. 텍스트(Text)
- 뤼튼테크놀로지스(wrtn.io) AI 자동 문장 생성 '뤼튼', 글쓰기 훈련 서비스 '뤼튼트레이닝' 운영사
- 투블럭에이아이(twoblockai.com) 글쓰기 첨삭 AI 키위티

(KEEwiT) 운영사
- 아티피셜소사이어티(www.artificial.sc) 생성형 AI를 통해 영어 지문과 문제를 자동 생성해 주는 '젠큐(genQue)' 서비스
- 엑스엘에이트에이아이(www.xl8.ai) AI 기반 영상 번역 솔루류션

3. 비디오(Video)
- 웨인힐스브라이언트 AI(www.waynehills.co) TTV(Text To Video) & STV(Speech to Video) 기술로 텍스트를 영상 콘텐츠로 제작
- 보이저엑스(www.voyagerx.com) AI 영상 편집기 '블루(Vrew)', AI 폰트 '온글잎' 운영사
- 딥브레인 AI(www.deepbrain.io) 딥러닝 기반 영상·음성을 합성한 'AI휴먼' 서비스
- 라이언로켓(lionrocket.ai) AI 영상/음성 콘텐츠 제작

4. 이미지(Image)
- 클레온(klleon.io) AI(AI) 딥러닝 영상 생성 기업, 실시간 얼굴 변환 영상 공유 플랫폼 '카멜로' 운영사
- 플립션코리아(www.fliption.com) 페이스 스왑 기술을 활용한 이미지 합성 후 AI 가상 인간 생성 서비스
- 씨엔에이아이(www.cnai.ai) 이미지 영상 데이터 생성 기술 기반으로 AI 합성 데이터를 생성하는 플랫폼 솔루션
- 디자이노블(designnovel.com) AI 패션 디자인 생성 솔루션

5. 오디오(Audio)

- 네오사피엔스(neosapience.com) 딥러닝 기반 음성합성 서비스 '타입캐스트' 서비스 시포자랩스(pozalabs.com) AI 딥러닝 기술을 활용한 작곡 및 작사 솔루션
- 로보 LOVO(lovo.ai) 텍스트를 음성 합성·변환해 주는 AI 플랫폼
- 수퍼톤(supertone.ai) 목소리를 구성하는 다양한 요소들을 조합해 목소리를 생성하는 AI 오디오 기술 보유, 2023년 1월 하이브에 M&A

6. 3D

- 리빌더에이아이(rebuilderai.com) 2D 이미지를 3D 모델 변환해 주는 AI 솔루션
- 빛날덴탈스튜디오(bitnalcorp.com) 딥러닝 기반 3D 객체 구현
- 알고리즘을 헬스 케어 산업에 적용한 치아 및 바이오모델링 솔루션
- 나니아랩스(narnia.ai) 제조 업체를 위한 AI 학습용 3D 합성 데이터를 자동으로 생성하는 솔루션 '아슬란 GD' 서비스

2023년 5월 3일 MS가 지난 2월 첫 공개 이후 3개월 만에 AI 챗GPT를 탑재한 새 검색 엔진 Bing을 전면 오픈했다. 그동안 Bing챗을 이용하려면 대기자 명단에 이름을 올린 뒤 일정 기간 기다려야 했지만, 이제는 MS 계정이 있으면 PC나 모바일을 통해 누구나 Bing을 이용할 수 있다. Bing챗은 챗GPT 최신 버전인 챗GPT-4를 기반으로 하며 이날 MS의 Bing 전면 오픈은 AI 챗봇을 실은 검색 엔진 시장을 선점

하려는 것으로 보이며 구글의 연례 개발자 회의(I/O)를 앞두고 나왔다.

2023년 5월 10일 구글 CEO 순다르 피차이(Sundar Pichai, 1972년 7월 12일생)는 4년 만에 오프라인으로 열린 구글 연례 개발자 회의(I/ O)에서 AI 챗봇 'Bard'를 전면 오픈하였다. AI 기술에서 선두 주자였던 구글은 OpenAI의 챗GPT가 전 세계적으로 큰 인기를 끌면서 시장을 선점당했다는 평가를 받아 왔다. 정식 오픈하는 Bard에는 기존의 초거대 모델 '람다(LaMDA)'를 최신 대규모 언어 모델(LLM)인 팜 2(PaLM)로 변경하여 탑재됐다.

시장 선점을 위해 전개되는 구글과 MS 두 빅 테크 기업 간의 치열한 경쟁이 어떻게 진행되고 시장과 고객은 어느 서비스를 더 활용할지는 앞으로 더 지켜보아야 할 것 같다.

6
마케터가 바라보는
GPT 기술

생성형 AI가 기업의 꽃이라 할 수 있는 마케팅 전략 과정을 조금이나마 수월하게 해 줄 수 있는지 궁금하지 않을 수 없다. 마케터의 입장에서 위의 과정에서 필요한 것을 이것저것 물어보았다. 그중에서 경쟁사 분석 부분을 물어본 적이 있는데, 이유는 상품을 기획할 때 가장 하기 꺼리는 것들 중 하나가 경쟁사 분석이기 때문이다. 쉽게 말해서 경쟁사의 제품 라인, 가격, 판매 전략 분석 같은 손 많이 가고 귀찮지만 꼭 알아야 하는 것들을 조사하는 것이다. 그런데 예상대로 위의 분석적인 실무에서 도움이 정확하게 되는 부분은 뾰족하게 얻을 수가 없었다. 왜냐하면 실무적으로 필요한 정보들은 회사 내부에 있기 때문에 생성형 AI가 알 수 없기 때문이다. 챗GPT는 학습된 정보를 바탕으로 본인이 글을 지어 주는 것이기 때문에 100% 신뢰하기가 어렵기도 했다.

예를 들어서 챗GPT에 "우리 회사가 이런 상품을 개발하는데 경쟁사가 어디가 있고, 가격이 어느 정도로 형성되어 있는 상품인지 조사해 줘."라는 질문을 했을 때, 정확한 정보가 나오지 않고 심지어 경쟁사 이름이 꾸며져서 글이 적히기도 했다. 한편 Bing AI는 대화형이 아니고 검색 기반으로 정보가 나온 URL을 제시해 주기 때문에 그나마 조금 신빙성이 있게 느껴지긴 했다.

이러한 조사 외에 최근 마케팅 전략의 어떤 부분에서 챗GPT가 사용되었거나, 또는 앞으로 사용될 수 있는 부분이 있을까? AI이라는 말이 나온 시기는 이미 1965년이라고 하니 그 사이에 대화형 AI도 이미 사용되지 않았을까 생각해 볼 수 있다. 그리고 챗GPT가 출시되기 이전에도 비슷한 패턴의 기술이 나와서 발전되었기에 지금 이런 놀라운 수준에 이르게 되었을 것이다. 실제로 이미 알게 모르게 사용된 부분은 어느 정도 있다.

이미 사용된 것을 생각해 보면 고객 유지의 관점에서 어떤 사이트에서 고객 상담을 챗봇으로 하는 경우가 많다. 어떤 업체는 심지어 전화 상담이 없고 챗봇이나 이메일로만 문의할 수 있게 해 놓은 곳도 있다. 그런데 아직까지는 정해진 답변만 하게 되어 있기 때문에 내가 진짜 궁금해하는 정교한 답변을 얻을 수 없다는 단점이 있다. 앞으로 챗GPT-3.5 이상의 대화 수준이 되면 그때는 진짜 사람이 하지 않고도 원하는 답을 얻을 수 있게 되어, 고객 서비스 품질을 향상시키고, 고객만족도를 높이는 데 도움이 될 것이다.

또 대화형 AI는 글을 지어내는 데에 최적화되어 있기 때문에, 콘텐츠 마케팅인 블로그 등에 들어갈 내용을 지어내는 데 이용할 수 있다. 지금도 뉴스 기사 같은 경우에 가끔 "이 기사는 대화형 AI로 작성되었습니다."라는 문구를 볼 수가 있는데, 이런 것들을 보면 대화형 AI가 이미 활용되고 있다는 것을 알 수 있다. 제대로만 된다면 실제 작성하는 것보다 좀 더 풍성한 내용이 들어갈 수도 있어 효율성을 높이고 시간과 비용을 절감할 수 있을 것이다. 디지털 마케팅 관점에서 볼 때 인터넷 창을 열면 배너 광고가 뜨는데, 모두에게 똑같은 광고가 나오는 것이 아니라 광고 시스템에서 타깃팅되어 설정된 분류로 뜨게 되어 있어서 관심사, 성별, 나이 등으로 변수에 영향을 받아서 광고가 노출되게 되어 있다. 하지만 이런 맞춤 광고도 잘 클릭을 안 하게 된다. 이런 부분에서 개인에게 친절하게 맞춤 상품이나 관심 상품 혜택 등을 알려주는 대화형 서비스가 있다면 광고 효율이 높아지는 것을 기대할 수 있을 것 같다.

결론적으로 상품 기획이나 분석과 같은 마케팅 전략 단계에서 자료로 이용하기 위해서 챗GPT를 사용하기에는 아직까지는 조금 어렵다. 왜냐하면 질문 자체가 정상이 아니면 챗GPT도 정상적인 답변을 하지 않기 때문이다. 말을 그럴듯하게 지어서 하기도 하고, 사실과 다른 이야기를 할 수도 있으며, 실무적으로 필요한 정보들은 회사 내부에 있기 때문에 생성형 AI가 알 수 있는 부분이 아니기 때문이다. 또 거시적인 환경인 국제 정세나 기술 변화 또는 경제 환경과 같은 경우를 고려하지 않고 이야기를 한다. 그래서 사용하는 사람이 우선 스마트해야 하고, 지능적으로 잘 이용해야 할 것이다.

그러나 브레인스토밍과 같은 독특한 아이디어를 요하는 것에는 효과적일 수 있다. 가끔 사람이 생각하지 못한 엉뚱한 답변을 받으면 거기에서 다시 창조가 시작될 수도 있기 때문이다.

7
일본에서 경영자가 생각한 GPT 활용법

1. 챗GPT와의 첫 만남

챗GPT는 한국뿐만 아니라 일본에서도 화제이다. 앞으로 비즈니스 현장에서 일하는 방법을 모두 바꿀지도 모르는 것이 챗GPT이다. 챗GPT 처음 접했을 때의 기분은 상상을 초월하였다. 새로운 놀이 기구를 만난 것처럼 흥분하고, 매일 사람들과 챗GPT의 이야기를 듣는 것만으로도 그 순간이 기다려지는 흥분이었다. 기존의 채팅 봇과 Google 검색도 사용하고 있었지만, 이 내용들과 비교할 수 없을 정도로 사용하고 나서 더욱더 관심을 가지게 되었다.

실제로 비즈니스 현장에서 어떻게 활용할 수 있는지 등을 알아보고 싶었다. 먼저 고민하고 있던 회사 내부의 보고서 작성부터, 제안서 등 실제 사용할 수 있고 회사를 경영하는 입장에서 올라오는 결과 보고서나 제안서 등 마음에 들도록 찾아보고, 더 좋은 표현을 추가하고, 마치 내가 원래 그런 것처럼 지금의 나보다 상당히 업그레이드된 상사로 만들어 주는 것. 이런 이유로 하여 시작하게 된 챗GPT와의 만남을 잊을 수가 없다.

2. 일본에서 거주하는 일반인으로 챗GPT 첫 사용하기

로또7(LOT7, 일본식 로또) 당첨 번호를 알고 싶어 이것에 관하여 조사를 하고 싶은 경우, 챗GPT에게 이렇게 질문을 하였다.

질문 - 당신은 일본의 LOT7에 대해 이해하고 있습니까?
답변 - 네 알고 있다
질문 - LOT7에 대한 최근 당첨 번호를 알려 주세요.
답변 - 설명할 수 없다.

이렇게 질문을 하면 답변을 얻을 수 없다. 챗GPT는 최근 6개월에 관한 데이터가 없어서 정보를 줄 수 없다고 한다. 이런 경우 최근 2021년 이전의 정보를 제공해 준다.

질문 - 구메가와(久米川, 도쿄의 지역명) 집값이 올라가겠습니까?

왜 챗GPT는 이 질문에 답변을 못 하는 것일까? 챗GPT 정보가 없는 내용에 대하여 질문을 하면 답변을 못 한다. 데이터를 기반으로 답변을 제시하기 때문이다. 챗GPT에게 답변을 얻기 위해서는 그 질문하는 내용에 관한 정보를 제공하고, 판단할 수 있는 기준치를 알려 주고, 그 내용에 관한 의견을 요구해야 한다. 그 내용을 참고할 수 있는 정보와 기준을 설정해 줘야 한다. 예시처럼 "구메가와 집값이 올라가겠습니까?"라고 물으면 챗GPT는 답변을 못 한다.

무조건적인 답변을 원하기보다 어떻게 하면 답을 얻을 수 있는지를 알려 줘야 한다. 그래서 기준이 필요하고 또한 방향성이 명확해야 한다. 검색인지 조사인지, 이것을 활용할 방향을 명확하게 해야 한다. 원하는 방향에 따라 질문 내용이 달라진다.

3. 일본 현지에서 번역의 용도로 활용한 예

현재 해외에 거주하는 입장에서 챗GPT를 번역의 용도로 활용해 보았다. 챗GPT는 번역을 상당히 잘하는 것 같다. 지금까지 사용했던 구글 번역, 및 파파고도 나름 정확도는 있었지만, 교과서적인 내용과 알고 있는 단어의 한계 등으로 전혀 다른 답변과 번역을 제시하기도 했었다.

결과적으로 그 내용에 관하여 최종 판단 및 전달하고자 하는 정보의 정확성 의도를 확인하는 것은 다시 우리의 몫이 된다. 챗GPT도 질문자의 최종 점검이 필요하다. 우리의 의도와 판단을 어디까지 정확하게 표현해 주는 것인지는 현지인들이 사용하는 말과, 지금 유행하는 표현 등은 정확한 정보가 없으므로 질문자가 직접 해야 하는 점검 사항인 것이다. 무조건 의지하고 답변대로 진행하는 것은 아직까지 위험성이 따르기 때문이다. 챗GPT는 많은 질문이 필요하다. 그래서 대화형 AI이다. 챗GPT 아직까지 많은 것을 대화로 해결해야 하는 외로움쟁이다.

4. 경영인으로서 회사에서 활용한 예

언제나 회사 담당자들은 보고서와 제안서 작성 등에 많은 시간과 공을 들인다. 받아서 보는 경영인, 매니저 입장에서 또한 어느 정도 노력하고 생각했는가에 관한 부분을 항상 생각한다.

챗GPT를 사용하면서 그동안 고민하고 있던 회사 내부의 보고서 작성부터, 제안서 등 작성 등 중요한 부분들에 관하여 좋은 답변들을 많이 제시받았다. 챗GPT를 활용하는 법을 알고 난 이후부터 직원들이 작성한 보고서나 제안서에 대하여 더 좋은 방법이나 표현이 있는지를 챗GPT에게 물어서 다시 작성을 시키는 일이 늘어났다.

아직까지 실제 챗GPT를 이용해서 보고서를 만드는 직원들은 많이 없다. 다만 마음에 드는 보고서가 될 때까지 직원들이 만들어 온 보고서 내용, 제안서 내용이 마음에 들도록 챗GPT에게 질문을 하고 답변을 찾는 등의 기능적 부분의 활용이 가능해졌다.

회사를 경영하는 입장에서 올라오는 결과 보고서나 제안서들이 마음에 안 들면 챗GPT을 이용하여 마음에 드는 내용들을 찾아보고, 더 좋은 말로 추가하고, 마치 내가 다 아는 것 마냥 지적해 가면서 말이다. 지금의 나보다 상당히 업그레이드된 상사로 만들어 주는 것. 이런 이유로 하여 시작하게 된 챗GPT는 비즈니스의 현장을 바꾸고 있다.

5. 마케팅 홍보 담당 회사원의 활용 방법

이것은 IT 비전문가인 내가 챗GPT를 활용하는 방법이다. 먼저 내용에 관한 부분에 대하여 상세하게 설정해 준다. 나는 기업의 홍보 담당자라고 정의를 해 준다. 우리 회사를 소개해 준다. 나는 이런 사람의 입장이고, 앞으로 이런 것을 하려고 한다는 정의를 내려 준다. 챗GPT

는 이 내용을 근거로 해서 다시 만들어 준다.

화장품을 기획하는 단계에서 내가 기대하는 결과치를 얻기 위해 필요한 내용을 구체적으로 설명해 준다. 예를 들어 이 제품은 '20-30대 대상으로 향기가 좋은 기능성 제품이다'라는 전제를 주고 제품을 만드는 입장에서 '이 제품을 팔릴 수 있도록 해야 한다'는 정의를 만들어 주는 등 화장품을 만드는 회사 등 이런 전제 조건을 만들어 준다. 이러한 정의를 정리하여 알려 준다.

"전에 질문한 내용에 관하여 이해가 되었는가?" 등의 질문을 통해 "이해를 했다."라는 답변을 받으면 그 후 질문을 하였다. 이 상품이 이런 문제점을 가지고 있는데 이것의 아이디어가 있는가? 참고할 만한 내용이 있는지? 라고 제안을 던져 본다. 그러면 챗GPT가 관련한 지식을 들려줄 것이다.

6. 일본에서의 활용도에 관한 이야기

일본에서의 챗GPT의 활용도는 계속해서 발전하고 있다. 챗GPT는 다음과 같은 분야에서 우선적 활용이 예상된다.

1. 챗GPT의 답변 자동 번역: 챗GPT는 강력한 다국어 처리 능력을 가지고 있어, 일본어와 다른 언어 간의 번역에 사용될 수 있다.
2. 질의응답 시스템: 챗GPT는 일반적인 질문에 대한 응답을 생성할 수 있으며, 일반 상식 질문이나 특정 도메인의 질문에 대한 답변을 제공할 수 있다.

3. 콘텐츠 생성: 챗GPT는 글, 기사, 리뷰, 소설 등 다양한 형태의 콘텐츠를 생성할 수 있다. 일본의 몇몇 온라인 기사나 콘텐츠 플랫폼에서는 챗GPT를 사용하여 콘텐츠를 자동으로 생성하는 실험을 진행하고 있다.
4. 문장 생성 및 수정: 챗GPT는 특정 주제에 대한 문장 생성이나 문장 수정에 사용될 수 있다. 예를 들어, 일본어 텍스트를 더 자연스럽게 수정하거나, 특정 주제에 대한 글을 작성하는 데 활용될 수 있다.

그러나, 챗GPT는 AI 언어 모델이기 때문에, 그 활용도와 성능은 여전히 한계를 가지고 있다. 모델의 대화 능력은 향상되었지만, 가끔씩 정확하지 않거나 혼동될 수도 있다. 또한, 모델이 생성한 정보의 신뢰성을 확인하는 것은 사용자의 책임이며, 정확한 정보를 얻기 위해서는 검증된 출처를 참고하는 것이 좋다.

7. 한국어 번역 테스트를 활용한 예

"지금 이것은 깐 콩깍지일까 안 깐 콩깍지일가?"를 챗GPT에게 번역을 요청하였더니 콩깍지라는 부분이 전혀 다른 의미인 닌진(にんじん, 당근)이라고 표기가 되어 있다. 다음 문장에서 콩과 깍지의 내용을 설명해 주고 다시 해석을 시켰더니, 새로운 답변으로 다시 안내를 해 줬다. 왜 콩을 당근으로 인식했을까?

> **ChatGPT**

지금 이것은 깐 콩깍지일까 안 깐 콩깍지일까?
上記内容を日本語で翻訳して

この文は、「これは皮を剥いたニンジンか、皮を剥いていないニンジンか?」という意味です。

콩とは豆、깍지とは皮
上記内容を踏まえて書き直して

先程の翻訳に誤りがありました。正しくは、「콩깍지」は豆の皮を意味します。したがって、文は次のように

8. 일본 현지에서 챗GPT에 대한 의견

　IT 강국인 한국과 서방 나라에 비해 일본은 GPT 도입이 늦은 편이다. 아래 내용은 2023년 4월 14일 신문에 나온 기사 내용이다. 4월 14일 마츠노 히로가즈(まつの ひろかず)관방 장관은 중원 내각위원회에서 미국 OpenAI가 개발한 대화형 AI '채팅 챗GPT'에 대해 "현재 규제할 생각은 없다."라고 말했다.(출처: 보스니아 헤르체고비나의 제니차에서 2월 촬영(2023년 로이터/Dado Ruvic))

　일본 현지의 최근 발표한 내용에 따르면 나카타니 카즈마 中谷 一馬 (なかたに かずま) 위원의 질문에 답했다. 마츠노 관방 장관은 10일 기자 회견에서 국가 공무원의 업무 부담을 줄이기 위한 활용 등의 가능성을 언급했다. 마츠노 씨는 14일 중원 내각 위에서 "종래의 검색 서비스와는 다른 정보 유출 등의 리스크가 상정된다."라는 특성을 근거로 하면서 바람직한 이용 방식에 대해 필요한 검토를 해 나간다고 했다.

정리를 해 보면 챗GPT를 사용하면 업무 생산성을 올릴 수 있기에 활용이 늘어날 수밖에 없는데 양날의 검이기에 현명하게 잘 써야 된다. 따라서 챗GPT를 어떻게 잘 쓸 건가? 라는 부분은 앞으로 사회적 공감대와 기업 내에서 계속 논의해야 하는 부분이다. 필자가 본 챗GPT의 한국과 일본의 차이점은 한국은 우선 먼저 쓰면서 문제점들이 나타나기 때문에 빠르게 대처하는 것 같고, 일본은 먼저 잘 준비해 놓고 사용하기 때문에 좀 늦은 감이 있는데 일본은 이러다 계속 트렌드를 놓치는 경향이 발생할 것 같다.

8
생성형 AI가
영향을 끼칠 산업?

　인간과 유사한 방식으로 언어를 이해하고 생성할 수 있는 기술이라고 정의하듯 생성형 AI는 인간이 할 수 있는 모든 영역에서 창조적이면서 지적인 능력을 갖추고 있다고 봐야 한다. 인간보다 더욱 높은 지능도 그러하지만 너무나 빠른 생성 능력은 도저히 인간이 따라서 갈 수 없는 상황에 봉착하게 되었다.

　최근 산업 Trend에 맞춰서 각 언론은 생성형 AI가 산업에 미칠 영향에 대한 기사들을 쏟아 내고 있다. 아래 몇몇 언론들이 게재한 기사 제목을 간추려 보았다.

- ITWorld(2023. 02. 16.): 생성형 AI의 파도가 몰려온다 가트너, 낙관적 전망과 5대 사용례 제시
- 대전일보(2023. 02. 14.): [화요광장] 생성형 AI가 우리 사회에 미치는 영향
- aitimes(2023. 03. 16.): '생성 AI'는 앞으로 사회 어떤 분야에서, 어떤 영향을 미칠 것인가!

- 산업 일보(2023. 04. 10.): 생성형 AI(Generative AI) 노동시장에도 긍정적 영향 끼칠까
- 헬로티(2023. 04. 10.): '생성형 AI, 일자리 위협할 것' 영향력 두고 여론 갑론을박
- 네이버포스트(2023. 04. 21.): 챗GPT 열풍, 생성형 AI가 콘텐츠 산업에 미치는 영향
- ipsos(2023. 05. 17.): 챗GPT와 생성형 AI 열풍, AI 기술이 가져올 산업의 영향과 미래
- 디지털데일리(2023. 06. 06.): [WWDC 2023] iOS·Mac 생태계 위협하는 생성형 AI… 애플 vs 구글·MS
- 조선IT(2023. 06. 21.): [양날의 검 AI] ① 발전 속도 빠를수록 저작권 문제 눈덩이
- 연합뉴스(2023. 06. 29.): '생성형AI, 미디어 구세주인가 킬러인가'…긍·부정 영향 병존
- 전자신문(2023. 06. 29.): 세미나허브, '생성형 초거대 AI 챗GPT' 세미나 개최

위와 같이 2023년 상반기는 AI와 관련된 산업들을 분석하고 전망하는 기사들이 봇물이 터지듯 쏟아졌으며 당분간은 관련 기사가 지속적으로 나올 것으로 보인다.(참조 04-08-1)(참조 04-08-2)

기사 내용을 들여다보면 엔터테인먼트 및 미디어, 전자 상거래, 의료, 교육, 제조 및 설계 등 그야말로 산업 전반에 걸쳐 AI의 영향력이 확대되고 있음을 알 수 있다.

가트너의 2023년 2월 16일 자 발표 자료를 보면 2022년에 2%에 불과했던 대기업의 마케팅 메시지가 2025년에는 30%까지 합성 문장으로 만들어질 것으로 예상하고 2030년에는 내용의 90%를 AI가 만든 블록버스터 영화가 최소한 1편은 개봉되리라 전망했다.

또한 2023년 5월 28일 자 《파이낸셜뉴스》 기사를 보면 '챗GPT' 같은 '생성형 AI'가 전 세계적으로 약 3억 명의 일자리에 영향을 끼친다는 보고서가 나왔으며 동시에 미 투자은행 골드만삭스의 조세프 브리그, 데베시 코 드나디 조사 부문 《이코노미스트》가 발표한 회사 보고서에서는 전 세계 국내 총생산(GDP)은 생성형 AI의 보급 덕분에 약 10년 동안 연 7% 증가할 것으로 전망했다.(참조 04-08-2)

여러 방송, 언론 및 신문 기사를 접하다 보면 1981년 개인용 PC, 1995년 인터넷, 2009년 아이폰 그리고 14년이 지난 올해 2023년이 AI 열풍으로 10 Bagger의 주기설과 맞물려 있지만 경제가 살아나는 현실이 될지 버블이 될지 궁금증만 앞설 뿐이다. 분명한 사실은 나도 모르게 거대한 변화의 흐름에 이미 올라타 있다는 것이다.

9
생성형 AI의 등장으로 위협받는 일자리

2023년 5월 3일 《동아일보》는 5년 안에 일자리 23%가 바뀐다며 세계경제포럼(WEF)의 전망을 통해 "일자리 8,300만 개가 사라지고 새로운 일자리가 6,900만 개에 그쳐 1,400만 개가 줄어들 것"이라고 내다봤다. 기술 혁신이 인간의 일자리를 위협할 것이라는 불안감이 먼 미래가 아니라 눈앞의 현실로 다가온 것이다. WEF가 45개국 803개 기업을 대상으로 조사해 작성한 '2023년 미래 직업 보고서'는 "비서, 은행 창구 직원, 계산원, 매표원 등의 직업이 AI의 등장으로 가장 먼저 타격을 받을 것으로 봤다."라며 구체적인 일자리를 언급하였다.

또한 IBM을 예로 들면서 인사/총무 등 경영 지원 직군의 30%를 AI로 대체할 수 있다며 채용 중단의 시사를 알렸다. 반면 빅 데이터 분석, 정보 보안 등의 분야에선 2027년까지 고용이 30% 증가할 것으로 WEF는 예상함으로써 위협과 가능성이 공존하는 상황에서 미래를 제대로 준비해야만 기회를 잡을 수 있음을 역설하고 있다. 추가로 이 신문에서는 다음과 같이 한국 시장에 대해 다음과 같이 언급하였다.

"AI발 일자리 태풍이 현실로 다가왔지만, 한국은 전혀 준비돼 있지 않은 상태다."(참조 06-09-2)

변화에 대응하기 위해선 도태 산업에서 성장 산업으로 사람과 돈이 빠르게 움직여야 한다. 하지만 한국 노동 시장은 지나치게 경직적이다. 해고와 재취업이 어렵고, 근로 시간과 근무 형태가 획일적이다. 정부는 노동 개혁을 내걸었지만, 첫 단추인 근로 시간 개편도 아직 끼우지 못했다. 낡은 교육 시스템은 4차 산업 혁명이 요구하는 인재를 키워 내지 못하고 있다.

청년들은 구직난을 호소하는데 정작 기업들은 신산업에 필요한 인력을 찾지 못하는 일자리 미스매치가 심각하다. AI로 대표되는 거대한 변화의 흐름을 거스를 순 없다. 적응하지 못하면 국가도 기업도 개인도 도태될 수밖에 없다. 전환 과정에서 불가피한 피해를 최소화하고 기회는 최대화할 수 있도록 노동과 교육 시스템의 전면 개편이 필요하다. 정부는 기업들이 신산업 시장에서 마음껏 일자리를 만들 수 있도록 유연한 노동 시장을 구축해야 한다. 이와 함께 AI로 일자리를 위협받는 사람들을 위한 사회 안전망과 재교육 대책도 마련해야 한다. 태풍이 다가오는 속도가 예상보다 훨씬 빠름을 우려 섞인 목소리와 함께 이야기되고 있다.

AI의 등장으로 현실로 다가온 일상의 영향을 우리는 어떻게 바라보고 준비해 나가야 할까? 빅 데이터, AI를 국가 산업으로 키워야 하는 대한민국에는 무엇보다 중요한 질문이 될 것이며, 이제는 우리의 문제가 되고 있다.

10
생성형 AI로
비즈니스 생산성을 높이는 방법

앞에서 GPT 기술로 개인의 생산성을 높이는 여러 방법을 살펴보았다. 그렇다면 생산성이 좀 더 중요시되는 비즈니스 현장에서는 어떠할까? 관련하여 기업용 생성용 AI 분야 선두 기업인 Cohere(cohere.com)에서 MIT, NBER, 골드만삭스, OpenAI/펜실베니아대학교, Accenture에서 최근 수행한 연구들을 분석하였다. 관련 내용을 살펴보자.(참조 04-10-1)

1. Accenture의 연구 결과에 따르면 22개 직업군 중 전체 업무의 40%가 증대 또는 자동화로 생산성이 높아질 것으로 예상하였다.(참조 04-10-2)

2. MIT의 연구 결과에 따르면 일반적 사무직 업무에서 작업자 생산성은 50% 이상 향상될 수 있으며, 코딩 작업은 두 배 빠르게 완료할 수 있는 것으로 조사되었다. 또한 영업 담당자가 고객 맞춤형 이메일을 5배 이상 보낼 수 있다고 조사되었다.(참조 04-10-3)

3. NBER의 연구에 따르면 콜센터와 같은 업무에서도 생산성이 낮거나 숙련도가 낮은 직원일수록 생성형 AI를 통해 많은 생산성 효과를 볼 수 있었다.(참조 04-10-4) 이는 콜센터에서 사용하는 AI가 조언해 주는 응답이 고도로 숙련된 상담원의 답변으로 학습된 것이기에 숙련된 기술의 빠른 공유 효과를 본 것이다. 생산성은 물론 직원 만족도 또한 향상된 것으로 조사되었는데 이는 상담 조언뿐만 아니라 요약 서비스 등을 이용한 상담원의 경우 일에 대한 만족도가 높아 이직률을 줄일 수 있기에 곧 높은 생산성을 기대할 수 있는 것이다.

이러한 연구 결과를 보듯 생성형 AI는 비즈니스 분야의 생산성 측면에서도 고무적인 결과를 보여 주고 있다. 좀 더 자세하게 어떠한 방법 및 과정으로 이러한 놀라운 변화들이 가능할지 알아보자.

1. 반복적 문서의 다른 형태의 자동 생성

비즈니스 환경에서 고객이나 기업 내부적으로도 비슷한 형태의 문서를 발송할 경우가 많다. 또한 이러한 니즈를 발견하고 이를 해결하는 여러 솔루션 등이 이미 나와 있다. 하지만 그의 제공 형태는 특정 문구만을 대체 입력하는 등의 기능적 한계점을 갖고 있다.

생성형 AI를 이용하면 기존 기업에서 사용하던 여러 문서 템플릿을 학습시킨 후 이에 필요한 항목만을 입력하면, 각각의 경우를 고려한 완성된 내용을 갖는 문서를 즉시 만들 수 있다. 이는 반복적인 문서를 작성하는 시간을 단축시킴으로써 생산성을 높일 수 있다.

이러한 문서에는 일반적 보고서, 계약서, 이메일, 마케팅 홍보물 등 반복 기반의 다양한 형태 외에도 신문 기사처럼 요약을 기반으로 하며 매번 내용이 달라지는 경우에도 효과적이다. 이는 단순한 시간을 줄이는 것을 넘어선 그의 결과물까지 영향을 미치고 있으며 양과 질에서 기존의 방법에서 기대할 수 없는 생산성을 얻을 수 있는 것이다.

2. 반복적인 고객 상담의 자동화를 통한 생산성 향상

고객 상담 분야는 이미 초기 단계의 챗봇을 이용하여 고도화를 시도하였으나 만족스럽지 못한 결과로 인하여 적용이 한정적이었다. 또한 직접 상담 인력을 제공하는 경우에는 상담 인력의 숙련도에 따라서 서비스의 질이 일정하지 않은 경우도 발생하였다.

고객 상담 대기 시간을 줄이고, 더불어 상담 서비스의 질도 일정하게 유지한다면 고객 지원 분야의 생산성은 높아질 것이다. 기존에 고객 상담 FQA(Frequently Questioned Answers) 자료들을 학습시킨 후 일반 챗봇을 통하여 서비스를 제공하거나 생성형 AI의 또 다른 형태인 음성 서비스를 이용하여 제공할 수도 있다.

또는 기존의 상담 인력을 그대로 유지하는 경우에도 적용 가능하다. 상담원들이 참조해야 하는 정보를 신속히 생성 및 제공함으로써 궁극적으로 고객들에게 신속하고 일정한 수준의 서비스를 제공할 수 있게 되기 때문이다.

3. 다양한 언어로의 자동 번역 및 요약

생성형 AI가 갖는 또 다른 장점은 다양한 언어로의 적용이 매우 용이하다는 점이다. GPT-4의 경우에는 한국어에 대한 이해도가 GPT-3.5에서의 영어 이해도보다 높은 점수를 보일 만큼 다양한 언어에서 막강한 기능을 보이고 있다.

이미 국경을 넘어선 글로벌 경영의 환경에서 다양한 언어로 서비스를 제공하는 것은 비즈니스에서 필수가 된지 오래다. 기존에는 번역 서비스를 제공하는 업체를 이용하는 등 별도의 비용을 지불해야만 가능하였다. 하지만 이제는 생성형 AI를 이용하여 필요한 시기에 즉각적으로 번역 기능을 이용할 수 있다. 이는 번역 서비스를 이용할 때의 시간적 지연은 물론 비용의 절감까지 생산성을 올릴 수 있는 방법이다.

물론 엄격한 번역이 요구되는 계약 문건이나 중요 보고서 등에서는 전문 번역 회사의 도움을 받아야 하는 경우도 존재하지만, 국제 비즈니스 환경에서 다양한 국가에 제공해야 하는 신속한 솔루션 및 서비스의 경우에는 한 가지 언어로 개발을 한 후 이를 신속히 다양한 언어로 번역하여 제공하는 것이 보다 생산성이 높기 때문이다. 나아가 생성형 AI 특징인 내용 요약도 가능하기 때문에 단순 번역을 넘어선 번역 요약을 통한 또 다른 생산성 향상을 제공할 수 있다.

4. 로우 코드(Low Code) 또는 노 코드(No Code)를 통한 개발 환경 생산성 도약

디지털 전환(Digital Transformation, DT)의 요구에 따른 많은 기

업들이 새로운 시스템 구축과 업무 자동화를 추구하고 있다. 이러한 과정에서 개발 경험이 없는 비IT 부서, 즉 영업부서도 DT 프로젝트에 함께 투입되는 경우도 존재한다.

그러한 경우, 기존의 개발 방식이 아닌 코딩 지식이나 경험이 부족한 현업 부서나 담당자도 소프트웨어 개발을 할 수 있는 환경이 제공되고 있다. 이른바 생성형 AI를 이용한 로우 코드와 노 코드가 그것이다.

로우 코드는 전문 개발자와 더불어 비IT 분야의 현업 사용자를 위하여 개발된 플랫폼으로 별도의 교육 등이 필요 없이 시각적인 모델링을 통해 개발을 용이하게 하는 것이 특징이다. 기본적 코딩 경험이 있는 경우에 필요한 부분은 직접 코딩을 함으로써 자유로운 기능 구현이 가능하며, 범용성이 높다는 특징이 있다.

노 코드는 개발 경험이 없는 일반 사용자와 현업 사용자 위주로 설계된 개발 플랫폼이다. 주로 템플릿 기능으로 프로그램을 구성하게 되며, 확장 및 수정 등에서는 제한이 존재한다. 따라서 소규모 프로젝트나 단일 애플리케이션에서 유용하다.

이러한 로우 코드 및 노 코드의 경우에는 IT 부서에서 프로젝트를 현업하는 사용자와 더불어 모니터링할 수 있고, 협업 및 동시 작업도 가능함으로써 개발 생산성을 극대화할 수가 있다. 나아가 대부분 컴파일이 필요 없는 특징이 있어 필요한 기능 등을 조합하여 단기간에 개발 및 배포가 가능하다는 특징이 있다. 이런 모든 장점들이 곧 개발 IT 비즈니스 환경에서는 생산성의 향상으로 이어지고 그의 결과들은 여러 현장에서 확인되고 있다.

5. 인사 및 채용 프로세스의 생산성 향상

 최근의 인사 및 채용 프로세스는 모든 문서가 디지털 형태로 접수 및 처리되는 것이 일반적이다. 기존에는 이러한 문서를 프린트 후 인사부 담당자가 하나씩 검토하는 이른바 시간이 많이 소요되는 이력서 스크리닝을 하였었다.

 이제는 접수한 이력서 등의 문서를 자동 변환 후 생성형 AI, LLM를 통해 경력 사항, 특기 사항 등을 요약하고, 해당 지원자가 채용 회사가 찾는 인재인지를 빠른 시간 내에 판단할 수 있도록 도와준다. 나아가 실제 면접 과정에서 가능한 질문까지 생성을 도와주고 있다. 실제 인사부 담당자는 1차적으로 AI 스크린된 지원자 위주로 지원 심층 프로세스를 수행함으로써 전체적으로 채용 시간을 단축하고, 중요한 일에 집중하는 생산성 향상의 또 다른 방법이 되고 있다.

05

GPT 기술을 잘 도입한 선도 기업과 전략은 무엇인가?

1
GPT 기술을
잘 도입한 스타트업

미국 실리콘밸리에 스픽이지랩스에서 출시한 '스픽'이라는 애플리케이션은 AI를 통해 영어 학습을 하는 서비스이다. 스픽에서는 영어로 말을 많이 하는 데 집중할 수 있도록 학습시키고 있다. 공식 홈페이지에서는 '20분 기준 100문장 발화'라고 얘기하고 있다. 보통 영어 회화를 하기 위해서는 영어 회화학원, 어학연수, 영어 스터디 그룹 등에 참여하여 영어를 학습하고는 하는데 해당 애플리케이션으로 장소에 구애받지 않고 연습할 수 있는 것이다. 단순히 영어를 구사하는 데만 그치지 않고, 음성 인식 엔진을 통해서 사용자의 억양까지 고려해 음성을 감별해 낼 수 있다고 한다.

스픽이지랩스에서는 2023년 1월에 'AI 튜터'라는 기능이 추가되었다. AI와 자유롭게 대화를 할 수 있는 기능이다. 원하는 어떤 주제로도 AI와 대화를 할 수 있다. 역할을 원하는 대로 설정이 가능하고, AI의 성격을 설정하면 그에 맞춰 톤도 변한다고 한다. 2023년 1월부터 GPT-4.0이 적용되었다. GPT-4.0이 2023년 3월 15일에야 공개되었지만 OpenAI와의 제휴로 먼저 적용하는 권한을 얻었다고 한다.

2023년 3월에 OpenAI가 낸 B2B 상품 쇼케이스에 우수 업체 활용 사례로 소개되기도 했다.

> **Speak X OpenAI**
>
> 세계 1위 OpenAI 스타트업 펀드로부터 380억 투자 유치 및 파트너십 체결

〈출처: 스픽이지랩스 홈페이지〉(참조 05-01-1)

스픽이지랩스의 CEO 코너 즈윅은 인터뷰에서 영어 교육열 때문에 대한민국을 1차 진출국으로 선택하였고, 한국에서 성공하면 글로벌로 성공할 수 있겠다는 생각이 들었다고 했다. 스픽이지랩스에서 출시한 스픽은 2023년 2월 기준 국내 300만 다운로드를 달성했다. 챗GPT를 개발한 OpenAI와 기술적 파트너십을 맺은 것으로 화제가 되었으며, 2022년 11월에는 OpenAI 스타트업 펀드로부터 380억 규모의 시리즈 B 투자를 유치했다. 전체 펀드의 20%가 넘는 금액이다.(참조 05-01-2)

아래는 챗GPT 또는 생성형 AI를 선도적으로 잘 도입한 기업들의 일부 예이다. 현재 계속 그의 예는 늘어나고 있으며, 기업들의 현재 비즈니스 모델 및 향후 비즈니스 모델에도 막대한 긍정적 영향을 끼칠 것으로 예상된다.

1. 허깅 페이스 (https://huggingface.co/)

생성형 AI 기반의 자연어 처리를 바탕으로 챗봇 및 AI 서비스를 제공하는 회사로 최근 AWS 서비스를 시작했고, 구글, 인텔, 에어비엔비, MS 등의 고객을 대상으로 서비스를 하고 있다. 이는 여러 언어와 패키지로 제공되는데 최근에 C 시리즈 투자를 받음으로써 지속적으로 성장하고 있다.

2. Grammarly (https://www.grammarly.com/)

생성형 AI 기반의 영어 문법 및 맞춤법 교정 서비스를 제공한다. 기존의 문법, 맞춤법에서 문맥, 표현력까지도 고려한 서비스를 제공하고 있는데 이 역시 생성형 AI 덕분이다.

3. Primer (https://primer.ai/)

대량의 텍스트 데이터를 분석, 요약 서비스를 제공한다. 대용량 언어 모델을 이용하여 텍스트 데이터의 내용과 특징을 분석하고, 핵심 정보를 제공한다. 최근에는 보안, 전략, 다언어 데이터 라벨링의 서비스까지 추가하였다.

4. Replika (https://replika.com/)

아바타와 같은 AI 파트너와 대화를 통하여 감정적인 상담 및 치유를 제공하는 서비스이다. 생성형 AI 기반으로 자연스러운 대화를 제공하고, 감정을 이해하며 그 기반의 사용자를 돕는 서비스이다.

5. Copy.ai (https://www.copy.ai/)

챗GPT를 이용하여 광고 콘텐츠를 생성, 제공하는 서비스이다. 광고 카피를 수초 안에 제작하여 공급하며, 여기에는 제목, 광고 문구, 소셜 미디어 콘텐츠 등 다양한 형태로 제공된다.

6. OpenAi Codex (https://openai.com/blog/openai-codex)

챗GPT-3을 기반으로 자연어 구문을 분석하고 해당하는 프로그램 소스 코드의 생성을 목적으로 개발된 서비스이다. GitHub Copilot을 지원하고, 진정한 노 코드 제공을 목표로 한다. OpenAi 족보로 보면 챗GPT-3의 후손이다.

7. Vantage (https://www.vantage.sh/)

다양한 비즈니스 소프트웨어 및 서비스에 대한 모니터링과 성능 등에 대한 분석 도구를 제공하며, 나아가 비용에 대한 부분까지도 지표를 제공하는 AI 기반 회사이다. 최근에 OpenAI 사용량에 대한 다양한 분석 도구를 내놓았다.

8. Lobe (https://www.lobe.ai/)

생성형 AI를 이용하여 객체 인식, 얼굴 인식, 이미지 분류 등의 다양한 비전 인식 모델을 구축하기 위한 모델을 구성하고 훈련하는 서비스이다. 이를 이용해 다양한 응용 소프트웨어를 개발할 수 있다.

9. Kuki (https://www.kuki.ai/)

생성형 AI를 이용하여 일본어로 대화하는 AI 모델, Kuki을 제공하는 서비스이다. 일반적 챗봇이 아닌 심도 있는 상호 작용을 하는 대화 경험을 제공하는데 Kuki AI 모델은 모델로도 활동하는 것으로 유명하다.

10. MuseNet (https://openai.com/research/musenet)

GPT-2를 기반으로 개발된 다양한 장르, 작곡자와 악기, 리듬, 구성 등을 이해하고 이를 기반으로 실제 음악을 생성할 수 있는 서비스이다. 다양한 분야에서 음악 작품을 생성하는 데 활용되고 있다.

11. Notable Labs (https://notablelabs.com/)

생성형 AI를 이용하여 암 환자의 생체 샘플에 대한 실험 결과를 분석하고, 나아가 치료 모델을 예측하는 플랫폼 서비스이다. 최근 보고에 따르면 예측 정확도가 85%에 달한다고 발표하고 있다.

12. Dialpad (https://www.dialpad.com/)

줌과 같은 화상 회의 솔루션이나 생성형 AI 기술을 접목하여 회의 도중에 음성 내용을 텍스트화 및 번역을 해 주며, 회의가 끝나면 회의 내용을 요약하고, 향후 해야 할 스텝까지 정리해 주는 차세대 서비스이다.

13. Frame AI (https://frame.ai/)

고객 지원 및 고객 경험(CX) 분석 AI 솔루션 플랫폼이다. 생성형

AI를 이용하여 고객의 응대 과정에서 발생하는 대화를 분석하여, 만족도, 감정, 문제 해결 등을 돕고 있다.

14. Cogito Corporation (https://cogitocorp.com/)

챗GPT와 같은 자연어 처리 기술을 이용하여 고객 지원 업무(CX, EX)에 관한 실시간 AI 지원, 데이터 기반의 코칭, CX, EX 모니터링 서비스를 제공한다.

15. Prisma Labs (https://prisma-ai.com/)

생성형 AI를 이용하여 사진과 그림을 편집, 수정하고 예술 작품으로 변환하는 서비스이다. 각각의 사진에 독특한 스타일을 적용하여 단 하나의 예술 작품처럼 만들어 준다.

2
GPT 기술을 잘 도입한 글로벌 기업

지금까지 GPT를 도입한 선도 기업들은 다양한 결과를 얻고 있다. 특히, OpenAI가 개발한 GPT-3 모델 이상의 LLM은 이미 다양한 분야에서 활용되고 있으며, 특히 금융 서비스, 소프트웨어 및 플랫폼, 에너지, 커뮤니케이션, 미디어 산업 분야에서 잠재력을 보이고 있다. 다음은 적용의 대표적 영역이다.

1. 문서 작성 및 번역

문서 작성 및 번역 작업의 효율성과 정확도를 높이기 위해 기업들은 GPT 모델을 활용하여 인간과 유사한 수준의 자연스러운 문장을 생성하거나 번역 작업 등에 활용하고 있다.

2. 고객 대응 및 상담

고객 대응의 효율성을 높이기 위해 기업들은 GPT 모델을 활용하여 자동화된 챗봇을 만들어 고객 대응 및 상담에 활용하고 있다.

3. AI 비서

GPT 모델을 활용하면 개인 비서나 AI 비서를 만들 수 있으므로 이를 도입한 기업들은 업무 효율성을 높이고, 개인화된 서비스를 제공할 수 있다.

4. 상품 추천

고객의 구매 이력, 검색어 등을 분석하여 상품을 추천할 수 있도록 GPT 모델을 활용하면 기업들은 상품 추천의 정확도와 효율성을 높일 수 있다.

이 외에도 챗GPT를 도입한 기업들은 다양한 분야에서 성과를 얻고 있으며, 앞으로도 GPT 모델의 활용이 더욱 늘어날 것으로 예상된다. 챗GPT를 도입한 선도 기업들은 생산성 향상, 비용 절감, 고객 서비스 개선 등 긍정적인 결과와 다양한 이점을 보고하고 있다. 챗GPT를 사용하여 고객 서비스 봇을 구축하여 고객 질문에 답변하고 문제를 해결함으로써 고객 서비스 비용을 절감하는 데 도움을 받고 있다. 또한 신제품 아이디어를 생성하는 데 사용하여 회사에 새로운 아이디어를 제공하고 기존 제품을 개선하는 의견을 제공함으로써 회사의 수익을 높이는 데 도움이 되었다.

점차적으로 챗GPT는 기업이 생산성 향상, 비용 절감, 고객 서비스 개선 등 다양한 이점을 얻는 데 도움이 될 수 있는 강력한 도구로 인식되고 있다. GPT 또는 다른 생성형 AI를 도입하거나 도입을 도와주는 회사는 많은데, 주목할 만한 글로벌 회사들을 조사해 봤다.

1. MS

MS의 경우에는 인수한 GPT 기술을 자사의 검색 엔진인 Bing에 탑재함으로써 검색 시장의 부활을 꿈꾸고 있다. 나아가 오피스 프로그램의 AI 보조 기능(코파일럿)을 대대적으로 개선하여 회사의 체질 변화까지 노리고 있다. 기존의 클라우드에서 한 번 도약을 했던 역사를 다시 쓰려고 하고 있다.

2. Amazon

Amazon은 B2B를 타깃으로 하는 생성형 AI 기반 애플리케이션을 손쉽게 구축, 배포를 지원하는 고성능 기반 모델(FM, Foundation Model)을 제공하는 아마존 베드락(Amazon Bedrock)을 공개하였다. 이는 GPT와 다른 방식으로 기업들은 활용 목적에 맞는 FM을 가져다 구축하면 되기에, 자사의 데이터로만 구축이 가능한 솔루션이기에 보다 안전한 방법으로 인식되고 있다.

3. IBM

GPT와 유사하지만 IBM 자체 솔루션인 IBM 왓슨 플랫폼을 제공하고 있다. 오랫동안 축적된 AI 기술을 기반으로 자연어 이해, 자동화된 추론, 질문에 대한 요약 답변 등의 기능을 의료, 금융, 고객 서비스에 도입하여 효율성 부분에 도움을 주고 있다.

4. 마스터카드

KAI라고 불리는 챗GPT 기반의 서비스를 도입하였으며, 고객들의 잔액을 체크하고, 소비 패턴 등을 추적하여 고객들의 질문에 효과적으로 답변하는 서비스를 하고 있다. 알려진 바로는 94%의 정확도를 보이며, 성공 사례로 뽑히고 있다.

5. 오토 데스크

AVA라는 챗GPT 기반의 챗봇 서비스를 도입하였으며, 고객 지원 서비스를 맡고 있다. 이는 소프트웨어 설치나 문제 해결 등의 전반적인 부분을 포함하며, 질문에 대해 99% 정확도로 서비스하고 있다고 알려져 있다.

6. 아멕스 카드

아멕스 봇이라는 챗GPT 기반의 서비스로 잔액 체크, 리워드 포인트 등을 서비스하고 있으며, 95%의 정확도로 서비스하고 있다고 알려져 있다.

7. KLM 항공

BB라는 이름의 챗GPT 기반의 챗봇을 서비스하고 있으며, 80%의 정확도로 항공편 예약, 체크인 등의 서비스를 하고 있다.

8. 유니레버

U 스튜디오라는 챗봇을 서비스하고 있으며, 개인별 추천이나 고객 피드백 등 수집 등의 서비스를 하고 있으며, 87%의 정확도로 고객의 질문에 서비스하고 있다고 알려져 있다.

위의 경우는 생성형 AI를 도입한 많은 회사 중 일부에 불과하다. 앞으로 챗GPT는 기업의 생산성 향상, 비용 절감, 고객 서비스 개선 등 다양한 이점을 얻을 수 있는 강력한 도구로 널리 활용될 것으로 예상된다.

3
도입 성공의 전략

챗GPT를 당신의 비즈니스에 도입하기 전에 체크 리스트를 살펴보았는가? 성공한 사례를 보면서 혹시 동기 부여가 되었는가? 그렇다면 이제 그 사례들의 성공 전략은 무엇인지를 알아보자. 아래의 사항만으로 성공 사례들의 모든 부분을 설명할 순 없다. 다만 어떠한 전략이 유효했는지를 아는 것은 이처럼 불확실성이 존재하는 비즈니스 분야에서는 짚고 넘어갈 중요한 부분이다.

1. 유효한 최소한의 범위를 선정하였다

성공 사례의 선도 기업들은 챗GPT 같은 서비스를 도입하여 이루고자 하는 비즈니스 목적이 명확하였다. 기존의 AI 서비스를 이용하여 이루고자 하는 기능적 요소와 GPT 같은 생성형 AI가 제공하는 서비스 사이에 명확한 차이가 존재한다. 따라서 처음에는 좁은 범위에서 목적을 명확히 하는 전략 수립이 유효하다. 그래야 성과 측정도 기능 수정에도 용이하다. 고객의 반복되는 질문이 들어오는 채널이 있는가? 그리고 그것에 대하여 좀 더 고도화된 답변을 제공해야 효과가 있는가? 이러한 부분을 찾아 정의하는 것이 중요하다.

2. 유효하고 신뢰성 있는 충분한 데이터를 준비하였다

챗GPT 같은 생성형 AI를 성공적으로 도입하기 위해서는 무엇보다 목적에 적합한 유효하고 신뢰 있는 데이터가 필수이다. 서비스 관련한 정보, 기존의 질문과 관련한 FQA 사례, 지금까지의 고객 지원 사례, 고객의 불만 사례 등의 충분한 정보를 학습하는 것이 필요하다.

3. 데이터 보안에 주의하였다

질문으로 입력하게 되는 고객의 민감한 정보는 자칫 개인 정보 유출로 이어질 수 있다. 또한 이 문제는 특히 대한민국에서는 서비스 중단을 넘어 비즈니스에도 큰 영향을 끼칠 수 있다. 고객의 질문을 암호화하는 것은 물론 민감한 정보를 재학습에 사용하지 않도록 보안 요소를 명확히 설립해야 한다.

4. 다양한 채널로 서비스를 제공하였다

충분한 이용 고객 확보 및 서비스 확보를 위하여 고객들에게 제공하는 서비스 채널을 유지함과 동시에 다양화하였다. 기존의 시스템과 통합 시에 중단 없는 지속적 서비스를 위하여 기존 UI/UX를 유지하고, 동시에 다양한 디바이스에서의 서비스 제공은 기존의 고객 유지는 물론 신규 고객까지도 확보하는 중요한 통로이다.

5. 계속적으로 개선 및 업그레이드하였다

고객은 챗GPT를 도입한 새로운 서비스에 만족스러울 수도 있지만 당황스러울 수도 있다. 서비스 가동 이후에도 성능 분석을 통한 계속적으로 관련 데이터 추가 학습을 하고 그를 통하여 파인 튜닝을 하였다.

또한 고객의 피드백도 적극 수렴하여 오류 사항이나 문제 사항에 대해서도 적극 대응하였다.

4
도입 후
실패의 핵심

앞서 언급한 도입 성공의 전략을 읽었음에도 여전히 도입을 망설이고, 도입 또는 그 결과의 실패가 두려운가? 아마도 그것은 어느 경우에 실패하는지 모르기 때문이 아닐까? 이른바 대박 같은 성공을 떠나서 실패하지 않으려면 최소한 실패하는 길은 피해야 한다.

그렇다면 어떤 경우에 GPT, 생성형 AI 기술의 도입 자체 또는 도입 후 그의 결과가 실패하는 것일까? MBA 전공자로서 이러한 부분에 대하여 궁금했고 그의 몇 가지 사례를 찾아본 결과 공통점을 발견하게 되었다.

고객이 제품 또는 서비스를 구입하는 경우에는 제품 자체가 주는 기능이 필요한 경우도 있지만 기능을 떠나서 소비자에게 전달해 주는 다양한 형태의 가치가 원인인 경우도 많다. 우리가 특정 스마트폰, 또는 노트북을 구입하는 경우를 봐도 순수하게 기능, 성능만을 고려하여 구입하지는 않는다. 그러한 제품 본질적 기능이 비슷하거나 더 훌륭한 제품이 분명 시장에는 존재하는데 우리는 기능을 둘러싸고 있는 '심리적,

심미적, 부가적 가치에 좀 더 끌려서 구입하는 경우가 더 많지 않은가? 그리고 그러한 가치 때문에 더 비싼 가격임에도 기꺼이 지불하지 않는가?

궁극적으로 GPT 기술의 도입을 통해 비즈니스의 성과를 올리고자 한다면 놓치지 말아야 할 중요한 핵심은 GPT를 사용할 고객을 정확히 이해하는 것이다. 당신의 비즈니스 모델에 GPT를 도입했을 때 고객에게 위에서 언급한 '가치'를 생성할 수 있는가? 또는 기존의 가치를 더 '극대화'할 수 있는가? 이에 대해 고객에게 물어보았는가? 라는 점이다.

당신이 GPT의 도입으로 이루고자 하는 목표에 대한 정의 외에 당신의 고객 또한 무비판적으로 GPT의 도입을 좋아하고 환호할 것이라 생각하는가?

그러지 않을 수 있다. 당신의 비즈니스 모델 끝에 서 있는 고객은 다를지 모른다. 직접 직원과 소통을 더 좋게 생각할 수 있으며, 더 돈을 내더라도 사람이 작성해 준 문서를 더 원할지 모른다. 나아가 질문받는 것에 대하여 여러 이유로 불편해할 수도 있으며, 고객에게 제공하는 정확하지 않은 답변을 절대 용납하지 않을 수 있다.

철저히 고객 입장에서 가치적 서비스의 혜택을 생각해 보라. 그렇지 않고서는 아무리 편리하고 신속한 서비스일지라도 고객의 입장에서는 소통을 막는 하나의 장벽일 뿐이다. 제품에 대한 최종 판단은 결국 시장과 고객이 하는 것이다. 그것을 이해하지 않고서는 그 어떠한 기술도 목적이 되지 못하고 수단이 될 뿐이다.

5
기업의 달라진 시각

　지난 2016년 3월 세기의 대결 이세돌 vs 알파고 바둑 대국은 전 세계인들에게 주목받았다. 알파고는 바둑 AI 프로그램으로 프로 기사를 맞바둑으로 이긴 최초의 프로그램이자 등장과 동시에 바둑의 패러다임을 완전히 바꿔 버렸다.

　생성형 AI의 서비스를 성공하려면 철저한 준비가 필요하다. 챗봇용 챗GPT라든지 특정 서비스 목적의 생성형 AI를 개발하는 건 매우 복잡한 일이며, 높은 기술력과 많은 자원이 필요한 분야이기 때문이다. 생성형 AI의 기술을 활용하여 어떤 제품·서비스를 개발할 것인지에 대한 전략을 수립해야 한다. 이를 위해서는 기술의 개념과 적용 방법, 제품 및 서비스 개발 과정 등을 이해하고, 경쟁 업체들의 동향을 파악하는 것이 중요하다. 개발과 운영을 위해서는 인력, 하드웨어, 소프트웨어, 데이터 등 다양한 자원이 필요하다. 이를 관리하고 최적화하는 데 필요한 기술적인 능력과 전문 지식이 필요하고, 개발뿐만 아니라 운영하는 데 들어가는 비용이 상당히 많기 때문이다.

생성형 AI 기술은 빠르게 발전하고 있다. 기술 혁신과 적용에 대한 지속적인 연구와 개발이 필요하다. 이를 위해서는 기술 동향과 연구 동향을 파악하고, 새로운 기술을 적용하여 새로운 제품이나 서비스를 개발할 수 있어야 한다. 챗GPT는 2022년 서비스화되어 많은 사람을 놀라게 했다. 챗GPT의 사용률이 증가함에 따라서 장점도 많이 보이지만, 악용 사례도 증가하고 있다. 중요한 건 기업들이 챗GPT를 무분별하게 사용하지 않도록 기법별로 가이드를 제공해서 교육하고 있다는 점이다. Prompt, 즉 챗GPT에 질문을 하는 행위 또는 명령하는 창을 통하여, 다양한 내용을 찾거나 답을 얻을 수도 있다. 업무 생산성 향상을 위한 도구로서 어떻게 사용하면 되는지부터, 어떤 걸 입력을 자제해야 하는지에 대해 기업 입장에서는 고민하고 있다.

챗GPT Prompt

Prompt를 사용할 때는 쉽고 간결하게 질문을 해야 한다. 열린 질문보다 닫힌 구체적인 지시문으로 명령하고, 요구 사항 맥락, 작은 입력값의 차이가 큰 변화를 제공할 것이다. 체계적인 응답을 얻기 위해서는 구체적인 조건을 제시하고, 챗GPT가 판단해서 나오는 답변 여지를 줄일 수 있도록 해야 한다. 한 번의 질문으로 답을 얻으려 하기보다, 여러 번 다양한 형태의 질문을 통해서 정보를 얻어 내는 것이 더욱 의미 있는 시사점을 찾을 수 있을 것이다. 만약 답이 너무 광범위하는 등의 상황이 벌어진다면, 조건이나 제한을 달아 좁혀 가면 좋을 것이다.

챗GPT를 통하여 얻어 낸 정보를 가지고, 한 번 더 팩트 체크해 보는 것이 좋다. 이미 학습한 데이터를 챗GPT가 정리하는 답변이다 보니, 최신 또는 실시간 데이터와 관련되어 있는 질문에는 정상적인 답변이 나오지 않을 수 있기 때문이다.

챗GPT가 등장하면서 인간적인 면으로 봤을 때 우리는 기계와 가까워졌다는 것을 느낄 수 있을 것이다. 지난 20년간 인간은 기계와 가까워지기 위해 컴퓨터 언어를 만들었고, 컴퓨터 언어에 의해 맞추어 발전해 왔다. 이 발전은 사람들에게 디자인적 요소와 상업적인 면으로 사용자들에게 제공·발전돼 왔으며, 사람들이 제일 많이 쓰는 구글, 네이버, 카카오 같은 형태의 대형 플랫폼 서비스가 탄생하게 되었고, 대형 플랫폼에 맞는 광고와 비즈니스들이 생겨나기 시작했다. 그러나 챗GPT를 통해서 우리말을 알아듣고 우리의 의도와 필요에 맞게 서비스가 제공됨으로써 앞으로 현재 고객들에게 제공되는 서비스 방식이 바뀔 수도 있다.

06

최신 GPT의 새로운 기술은? 대항마는 없는가?

1
최신 GPT의
새로운 기술

챗GPT-3.5가 인류에게 큰 메시지를 전달한 지 얼마 되지 않아서 2023년 3월 14일 챗GPT-4.0, OpenAI에서 부르는 공식 용어 GPT-4가 공개되었다. 한국 속담으로 이른바 설상가상인 셈이다. 센 놈이 나와서 놀라고 있는데 더 센 놈이 등장한 격이다. 과연 어떤 이유에서 GPT-4가 더 센 놈이라고 하는지 알아보자.

1. 훈련된 그라운드가 다르다

GPT-4는 처음부터 MS의 Azure AI 슈퍼컴에서 학습이 되었다. 이는 기존의 제한된 인프라에서 학습된 3.0이나 3.5 버전에 비해서 학습된 분량이 비약적으로 많아졌음을 의미한다. 학습된 데이터 및 처리하는 파라미터 개수에 대하여 OpenAI는 공개하지는 않고 있지만, 공개된 일부 자료에 따르면 한 번에 처리하는 용량부터 차이가 난다.

GPT-3.5 - 3,000개의 영단어를 한 번에 처리 가능하며, 8,000개 영단어를 기억하여 대화가 가능하다.
GPT-4.0 - 25,000개의 영단어 한 번에 처리 가능하며, 64,000개

영단어를 기억하면서 대화가 가능하다.

2. 미국 변호사 시험(Uniform Bar Exam)과 생물 올림피아드(Biology Olympiad)는 이제 쉽다

GPT-3.5는 미국 변호사 시험에서 하위 10%의 성적을 낸 반면에 GPT-4는 상위 10% 우수한 성적으로 합격하였다. 생물 올림피아드의 경우에는 더 놀랍다. GPT-3.5의 경우에 하위 31%의 성적을 보인 반면에 GPT-4는 상위 1%의 성적을 보였다. 이는 좀 더 복잡하고, 이해력이 요구되며, 창의력이 필요한 질문에도 거침없이 답을 할 수 있다는 의미이다.

다양한 시험에서 GPT-4의 성적이 궁금한가? 아래의 도표에서 녹색으로 표시된 것이 GPT-4의 성적인데 파란색으로 표시된 GPT-3.5의 성적과 비교하여 큰 차이가 나는 시험이 있음을 발견하게 되었고 특히 종합적인 사고력이 요구되는 시험 문제의 경우가 그러하다. 참고로 OpenAI는 각 시험에 대하여 별도의 훈련을 거치지 않음을 명시하였다.(참조 06-01-1)

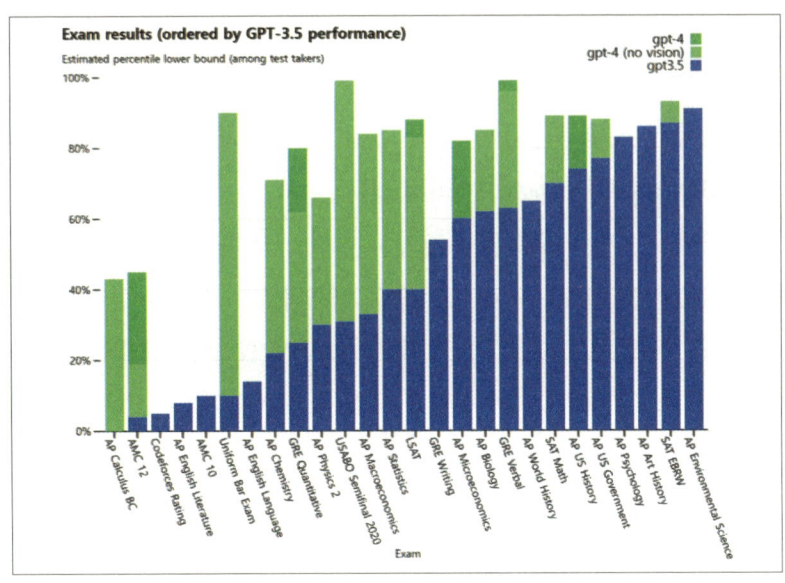

GPT-4와 GPT-3.5와의 여러 시험 응시 결과 자료
출처: https://openai.com/research/gpt-4

3. 82% 더 안전하고, 40% 더 정확하다

OpenAI 내부 평가 자료에 따르면 GPT-4는 기존의 GPT-3.5에 비하여 허용되지 않은 콘텐츠에 대하여 82% 응답을 하지 않으며, GPT-3.5에 비하여 실제로 사실에 기반한 답을 40% 더 할 수 있음이 확인되었다. 이는 기존보다 좀 더 안전한 콘텐츠를 제공할 수 있음을 의미하며, 나아가 좀 더 정확한 콘텐츠를 제공할 수 있음을 말한다. 실제로 GPT-4는 개발 당시에 AI 전문가 50인으로부터 AI 안전과 보안에 대하여 철저한 피드백을 통하여 훈련되었다.

4. LLM(Large Language Model)이 아닌 LMM(Large Multimodel Model)이다

GPT-3.5는 LLM(대용량 언어 모델)이기에 대화를 통한 이른바 챗봇 서비스가 유효하고, 반면 이미지나 음악 등에 대해서는 다른 AI 모델을 이용하여 서비스를 제공하고 있다.

반면에 GPT-4는 텍스트와 더불어 이미지도 인식이 가능한 대용량 다중 모델로 업그레이드되었다. 이는 챗GPT-4에 이미지를 보여 주며 이미지에 대한 설명이나 해석 및 도움을 받을 수 있음을 의미한다. 또한 많은 제약점을 넘어설 수 있음을 의미하기도 한다. 예를 들어 보통 시험 문제를 보면 텍스트 외에도 도표나 그림이 예문으로 제시되는 경우가 많은데 GPT-4는 그러한 문제까지도 이해할 수 있음을 의미한다. 이러한 이유에서 기존 GPT-3.5에서 낮은 점수를 받았던 몇몇 시험에서 GPT-4가 높은 점수를 받을 수 있었다.

나아가 인류의 삶에 있어서 좀 더 다양한 형태의 질문을 GPT-4에게 물어볼 수 있고, 도움을 받을 수 있음을 의미한다. 이러한 장점 때문에 많은 AI 솔루션 업체들이 앞다투어 GPT-4 도입을 서두르고 있는 것이다.

5. 다양한 언어를 기존의 영어보다도 더 잘 이해한다

GPT-4의 뛰어난 학습 능력은 언어에서도 뛰어난 능력을 보여 주는데 GPT-3.5에서의 영어 이해 능력보다 GPT-4의 한국의 이해 능력은 더 뛰어나다. 아무리 그래도 영어보다 한국어를 더 이해한다고 하니

잘 믿기지가 않는다. 그럼 아래의 자료를 보자.(참조 06-01-1)

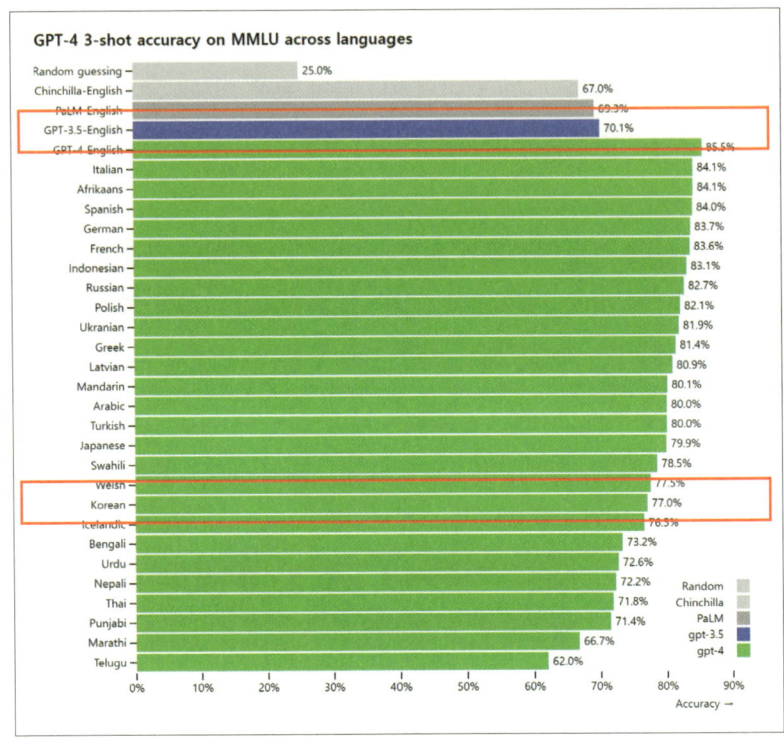

GPT-4의 다중언어 이해 벤치마크 테스트 결과
출처: https://openai.com/research/gpt-4

OpenAI는 Azure Translate을 이용하여 MMLU(Massive Multitask Language Understanding, 대규모 다중 언어 이해) 벤치마크 테스트를 하였는데 그의 결과를 보면 GPT-3.5를 이용한 영어 번역의 70.1% 정확도보다 GPT-4를 이용한 한국어 번역의 경우 77%로 10% 더 높은 정확도를 보여 주었다. 더 놀라운 점은 특별히 언어 번역을 위하여 학습이나 훈련을 하지 않았다는 점이다. 이는 다양한 인어로 서비스를 해야 하는 비즈니스 모델의 경우에는 GTP-4를 활용하면 곧바로 다양한 언어로 서비스가 가능함을 의미한다.

6. GPT-4를 사용하려면 매달 USD 20불을 지불해야 한다.

GPT-4를 사용하려면 ChatGPT Plus에 가입해야 하며, 이는 매달 20불을 지불해야 한다. 위의 기능상의 장점 외에도 빠른 응답 속도 및 새로운 기능에 대해 우선적 제공 등의 장점도 주어진다. 그럼에도 많은 비즈니스 고객들은 20불은 GPT-4가 제공하는 혜택에 비해서는 매우 저렴하다고 이야기한다. 그만큼 주어지는 가치에 대하여 인정하고 있는 것이다.

USD 20불을 낼 순 없지만 사정상 GPT-4를 사용하고 싶다면 한국 서비스인 뤼튼을 이용하거나 Bing을 이용하면 된다. 각각 GPT-4를 내장하고 있는 서비스이기에 간접 이용할 수 있다.

2
최신 GPT-4의 효용 가치

그렇다면 GPT-4는 안전하고 무해하며, GPT-3.5는 사용하면 안 되는가? 필자들이 오랜 시간 동안 테스트해 본 결과, 기존 3.5와 최신 4는 각각 장단점이 존재하기에 필요 목적에 따라 사용하면 좋다.

먼저 GPT-4는 마음 놓고 사실에 입각한 답이라고 믿을 수 있는가? 이 부분에 대하여 OpenAI는 솔직하게 "아직은 아니다."라고 이야기하고 있다. 물론 기존 3.5에 비해서 40% 더 정확한 통계를 이야기하고 있지만 그것이 100% 사실을 의미하지는 않는다. 아래의 각 GPT 버전별, 카테고리별 내부 사실 평가표를 살펴보자.(참조 06-02-1)

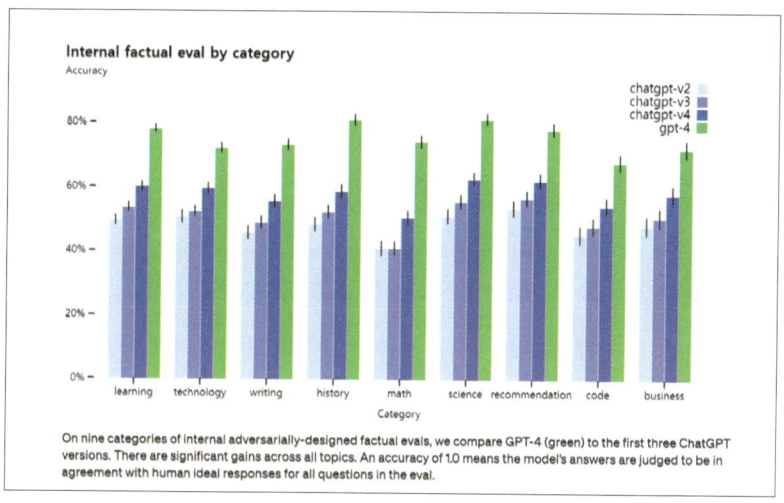

GPT-4의 사실 평가 자료
출처 https://openai.com/research/gpt-4

　기존의 3.5에 비해서 전체 카탈로그에 걸쳐 사실 평가 자료상으로 사실에 가까워졌음을 알 수 있다. 하지만 여전히 생성형 AI가 갖고 있는 태생적 한계인 수집된 정보 자체가 진실인지 아닌지 알 수 없고, 그에 따라 진실이 아닌 환각적 사실 문제는 여전히 갖고 있는 숙제이다. 그렇다면 어느 경우에 GPT-4를 사용하면 좋을까?

1. 100% 진실 여부를 떠나 학습된 정보가 최신 정보여야 하는 비즈니스의 경우에는 GPT-4는 현명한 선택이 될 것이다. GPT-3.5의 경우에는 2021년 자료까지 학습이 되었기에 시간의 흐름에 기인한 허구의 정보가 될 가능성이 높기 때문이다.

2. 다양한 언어로 서비스를 해야 하는 경우에는 다양한 언어 이해 능력이 뛰어난 GPT-4가 선택적 대안이 될 것이다. 다양한 언어로 당장

에 서비스를 해야 하는 글로벌 챗봇 서비스의 경우가 그의 예가 될 것이다.

3. 텍스트와 더불어 그림을 입력 데이터로 사용해야 하는 경우에는 GPT-4가 탁월한 선택이 될 것이다. 기존에는 영상 AI 모델과 언어 AI 모델을 동시 이용하여 서비스를 제공하였는데 GPT-4의 경우에는 태생 자체가 그림도 이해 가능한 LMM 모델이기에 곧바로 이미지를 이용하여 질문이 가능하다.

4. 좀 더 엄격한 윤리적 환경과 내용으로 사용해야 하는 경우에는 GPT-4가 좀 더 유리할 것이다. GPT-3.5에 비해서 80% 높게 윤리적 문제를 이해하고 거절 또는 방어할 수 있기 때문이다.

그렇다면 기존의 GPT-3.5를 사용하는 것은 어떠한가? 아래의 경우에는 최신의 GPT-4 대신에 3.5도 충분한 선택이 될 것이다.

1. 2021년까지의 정보만으로도 충분한 가치 있는 정보를 제공하는 경우에는 GPT-3.5도 훌륭할 것이다.

2. 자체적으로 학습을 시킬 데이터가 있어서 그것을 이용하여 서비스를 구현하는 경우에는 GPT-3.5도 좋은 선택이 될 것이다.

3. GPT를 이용한 테스트 서비스 구축을 하는 경우에도 GPT-3.5도 충분한 대안이 될 것이다.

3
챗GPT의 대항마와 그 후보

영국 일간 《인디펜던트》가 2022년 12월 3일에 'Google is done(구글은 끝났다)'라고 단언한 이 기사는 세계 최대 AI 연구소인 OpenAI가 공개한 AI 모델인 챗GPT-3.5의 대화형 AI 서비스 '챗GPT'를 소개하면서 올린 기사 제목이다. 챗GPT가 뭐기에 세계 최대 IT 기업은 구글은 끝났다는 평가까지 나오는 것일까?

MS CEO 사티야 나델라(Satya Narayana Nadella, 1967년 3월 24일생)는 《월스트리트저널》과의 인터뷰를 통해 "30년 동안 기술 산업에 종사하면서 챗GPT와 같은 기술의 확산은 본 적이 없다"라고 말했다. 그의 말이 아니더라도 아이폰 이후 30년 만에 가장 혁신적인 제품이 세상에 나왔다는 주변의 평가들에 전적으로 수긍이 갈 정도로 전 세계에 돌풍을 일으키고 있다.

이에 반해 구글 CEO인 순다르 피차이(Sundar Picha, 1972년 7월 12일생)는 2023년 2월 6일 구글 공식 블로그에 'AI 여정의 중요한 다음 단계'라는 제목의 글을 통해 새로운 대화형 AI 서비스 'Bard'가 신뢰할 만한 테스터들에게 개방될 것이라고 밝히면서 향후 몇 주 안에 일반인들을 위한 서비스를 준비하고 있다고 말했다.

우리말로 '시인'을 뜻하는 Bard는 구글이 자체적으로 개발한 인공지능 언어 프로그램 '람다(LaMDA)'에 의해 구동되는데(2023년 5월 10일 '구글 I/O 2023'에서 Bard를 발표하면서 파운데이션 모델을 현 LaMDA에서 PaLM 2로 교체) 2022년 11월 30일 OpenAI사의 챗GPT-3.5가 출시되고 불과 50일 만에 1억 명의 사용자를 확보하자 위기 경고를 뜻하는 '코드 레드(code red)'를 발령할 정도로 심각한 위협을 느끼게 되었다.

더구나 구글은 그동안 AI의 선구자라고 자부해 왔지만, MS의 지원을 받는 OpenAI의 챗GPT가 더 복잡한 질문에도 창의적인 답변을 제공할 수 있어 인터넷 검색 모델 시장을 흔들 수 있다는 위기의식을 느끼게 되었다.

이런 분위기는 구글의 순다르 피차이 CEO가 AI 전략 관련 회의에 직접 참석해 대책 방안을 지시하는가 하면, 3년 전 회사를 떠난 공동창업자 래리 페이지(Page de Lawrence Edward "Larry", 1973년 3월 26일)와 세르게이 브린(Sergey Brin, 1973년 8월 21일)과의 회동을 통해 향후 구글의 방향을 논의한 것에서도 엿볼 수 있다.

이러한 변화에 결과일까? 일반인의 AI에 대한 선입견과 한계를 무심히 넘어 버린 알파고를 개발한 딥마인드에서 챗GPT의 대항마를 만든다는 소식이다.(참조 06-03-1) 아직은 잘 안 알려져 있지만 '제미니(Gemini)'라는 이름이 그 주인공이 될지 모른다. 사실 강화 학습의 고수라고 하면 딥마인드를 빼놓을 순 없다. 불가능하다고 여겨졌던 바둑의 세계에서 더 이상의 게임은 의미가 없다고 은퇴를 선언한 알파고를 개발한 회사 아닌가?

그뿐인가? 바둑의 기보 없이 스스로 학습을 시작하여 기존의 알파고 마스터를 넘어선 알파고 제로와 바둑뿐만 아니라 다른 게임에서도 스스로 게임을 학습하면서 배워 나가는 강화 학습의 고수, 알파 제로를 만든 회사 아닌가? 그러한 회사의 강화 학습 기술에 LLM(대용량 언어 모델)의 능력을 겸비한다면 그의 결과는 예측이 되는가?

딥마인드 CEO인 하사비스는 "제미니는 텍스트를 분석할 뿐 아니라 문제를 계획하고 풀어내는 능력까지 갖추게 될 것"이라고 전한 걸 보면 제미니 강화 학습의 능력으로 현재 LLM이 갖고 있는 한계를 극복할 수 있을 것으로 예상된다.

현재 LLM의 제약점이라면 일반 기업이 감히 운영을 꿈꿀 수 없을 정도의 자본이 투여되는 그야말로 '머니 게임 플랫폼'인데, 딥 마인드가 그동안 축적해 온 강화 학습을 통하여 좀 더 효율적인 운영이 가능한 ECO-LLM 모델이 그 대항마가 될지도 모른다.

4
새로운 언어 모델의 등장

GPT에 대응하기 위해 다양한 새로운 언어 모델들이 등장하고 있다. BERT, XLNet, T5 등 어쩌면 GPT의 빛에 가려진 그림자가 될 수도 있고, GPT의 대항마가 될 수도 있다. 이러한 언어 모델들은 모두 Transformer 기반으로 만들어졌으며, 각자의 특성이 있다.

BERT(Bidirectional Encoder Representations from Transformers)는 2018년 구글에서 발표한 언어 모델이다. BERT는 Transformer 아키텍처를 기반으로 하며, 자연어 처리 분야에 다양한 태스크에 우수한 성능을 보여 주고 있다. BERT의 가장 큰 특징은 양방향 언어 모델링이다. 기존의 언어 모델들은 왼쪽에서 오른쪽으로 순방향으로 학습하거나, 오른쪽에서 왼쪽으로 역방향으로 학습하는 방식이다 보니, 단어의 문맥을 잘 파악하기 어렵다는 한계가 있다. 그러나 BERT는 문장의 양, 끝남의 정보를 모두 활용하기 때문에 좀 더 정확한 문맥 파악이 가능하다. BERT는 사전 학습과 태스크 특화(fine-tuning) 과정으로 구성된다.

사전 학습 단계에서는 대규모 텍스트 코퍼스를 이용하여 모델을 사전 학습을 하고, 이후 fine-tuning 단계에서는 특정 태스크에 맞게 추가 학습을 진행한다. 이러한 방식은 다양한 태스크에 대한 고성능을 발휘하는 핵심 기술이다. 기계 번역, 질문 답변, 개체명 인식, 의미론적 유사도 측정 등 다양한 태스크에 활용된다.

XLNet 역시 Transformer 기반의 언어 모델이다. BERT 언어 모델의 한계로 여겨지던 부분인 전이 학습의 한계를 극복하기 위해 개발되었다. 이 모델은 자연어 처리에서 최적의 결과를 내기 위해 다양한 기술적 개선 사항들이 포함돼 있다. XLNet은 BERT에서 사용되는 마스킹된 언어 모델 대신 전체 문장을 이용한 언어 모델을 사용하고 있다. 이를 통해 문장 내의 모든 단어를 예측하는 데 있어서 좀 더 정확한 결과를 얻을 수 있다. 또한 XLNet은 다양한 길이의 문장을 임의로 조합한 새로운 문장들을 생성하여 데이터를 Augmentation하는 방식을 사용한다. 다양한 문장 구조를 학습하여 좀 더 일반화된 예측을 가능케 한다. 기존 모델들에서 발생할 수 있는 문제인 문맥 이해 부족 문제를 개선하기 위해 Self-Attention 메커니즘을 사용한다. 이를 통해 모델은 현재 예측하려는 단어 이외에도 다음에 등장할 단어들의 문맥을 미리 학습한다. 다양한 자연어 처리 태스크에서 우수한 성능을 보여주고 있다.

T5는 "Text-to-Text-Transfer Transformer"의 약자로 2019년에 발표된 딥러닝 기반 언어 모델이다. T5는 챗GPT, BERT와 같은 언어 모델이지만, 이전 모델들과는 다르게 텍스트를 텍스트로 변환하는 일반적인 텍스트 처리 작업을 수행할 수 있다. T5는 사전 학습과

미세 조정 단계에서 모두 사용될 수 있으며, 이는 다양한 언어 작업(번역, 요약, 질문 답변 등)에 맞추어 조정할 수 있다. T5는 사전 학습에 pretext task라고 하는 다양한 텍스트 처리 작업 기계 번역, 요약, 질문 생성 등을 사용하며, 이를 통해 다양한 자연어 처리 작업에 대한 일반적인 표현을 학습한다.

5
챗GPT, Bing, Bard 비교 분석

캄브리아기 대폭발처럼 2022년 말부터 2023년 초까지 생성형 AI 솔루션이 전 세계를 강타했다. 인터넷 사용자가 질문하는 무엇이든 답변을 척척 해 주는 '인공 지능(AI) 챗봇 전쟁'이 시작된 것이다. OpenAI는 챗GPT, 구글은 바드(Bard)를 출시하였고 MS는 AI 챗봇을 탑재한 검색 엔진 '빙(Bing)'을 내놓았다. 이 AI 챗봇들은 방대한 분량의 언어 데이터를 학습해 사용자의 질문에 막힘없이 답해 준다.

그 답이 맞고 틀리고를 떠나 질문에 대해 답을 생성형 주는 응답 시간이 너무 순식간에 일어나 처음 접할 때는 너무 당황스러운 마음이 들기도 했다. 보통 업무용 보고서를 작성하려면 목차를 정하는 것조차도 적지 않은 시간이 소요되는데 이 AI 챗봇들은 마치 부메랑처럼 질문자에게 피드백을 바로 날려 준다.

어떤 실체가 나의 손에 주어지는 것이 아닌데도 주어진 질문에 결과를 바로 보여 주니 너무 빠른 반응 탓에 앞으로 어려운 질문은 언제든지 답을 찾아 줄 것만 같은 약간의 착각에 빠진다.

그동안 사용해 본 경험으로 챗GPT, 빙(Bing), 바드(Bard)의 차이점을 아래 표와 같이 정리해 보았다.

특징	챗GPT	빙(Bing)	바드(Bard)
개발사	OpenAI	MS	Google
제품 발표일	2022년 11월 30일 (Ver 3.5)	2023년 3월 14일 (엣지 사이드바)	2023년 5월 10일 (구글 I/O 2023)
학습 데이터	- 2021년 데이터까지 - 텍스트와 코드	- 1시간 전 데이터까지 - 웹 검색 결과	- 실시간 데이터까지 전망 - 텍스트, 코드, 이미지, 비디오, 오디오
매개 변수	1,750억 개	1,750억 개	1,370억 개
기능	텍스트 생성, 언어 번역, 코드 생성, 질문 답변	검색, 지도, 뉴스	텍스트 생성, 언어 번역, 코드 생성, 질문 답변, 시, 코드, 대본, 악곡, 이메일, 편지
강점	창의적인 텍스트 형식을 생성하는 데 강함	검색 결과에 대한 정확한 정보를 제공하는 데 강함	다양한 작업을 수행하고 다양한 질문에 답변하는 데 강함

챗GPT, 빙(Bing), 바드(Bard)를 모두 직접 사용해 보니 특정 작업에 따라 사용자가 선택하는 가장 적합한 모델은 다를 것으로 보인다. 따라서 각 사용자는 자신의 용도와 목적에 맞는 서비스를 선별하거나 복합적으로 활용하고 적용할 것으로 보인다.

챗GPT와 빙(Bing), 바드(Bard)에 나이와 전공, 희망 업종 등의 간단한 정보를 입력하고 취업을 위한 자기소개서를 작성하라고 해 보니 다음과 같이 각각 다른 형태로 답을 제시해 주었다.

> ### 챗GPT
>
> 58살, 컴퓨터정보통신학을 전공함. IT 컨설팅 및 구축 업무를 위한 자기소개서를 작성해 줘.
>
> 안녕하세요.
>
> 저는 58살이고 컴퓨터정보통신학을 전공한 전문가입니다. IT 컨설팅 및 구축 업무를 수행하기 위해 다음과 같이 자기소개서를 작성하겠습니다.
>
> 저는 지난 20년 동안 IT 업계에서 다양한 경험을 쌓아 왔습니다. 기업들의 IT 인프라 구축과 운영, 시스템 개발 및 관리, 네트워크 보안 등 다양한 프로젝트를 성공적으로 이끌어 왔습니다. 이러한 경험을 통해 IT 분야에서의 독립적이고 창의적인 사고를 갖추게 되었고, 문제 해결과 동료들과의 협업 능력을 향상시킬 수 있었습니다.
>
> 나아가, 제가 갖고 있는 컴퓨터정보통신학 전공 지식은 전체적인 IT 환경을 이해하고, 최신 기술 동향을 파악하는 데 큰 도움이 되었습니다. 저는 신기술과 새로운 도전을 두려워하지 않으며, 항상 학습에 열려 있습니다. 이를 통해 변화하는 IT 시장에서 최신 기술과 효율적인 솔루션을 적용하여 고객의 요구에 부응하는 프로젝트를 성공적으로 수행할 수 있습니다.
>
> 또한, 제 커뮤니케이션과 리더십 능력은 IT 컨설팅 및 구축 업무에 큰 도움이 됩니다. 고객과 원활한 의사소통을 통해 요구 사항을 정확히 파악하고, 팀원들과의 원활한 협업을 통해 프로젝트의 성과를 극대화할 수 있습니다. 또한, 문제가 발생했을 때는 빠른 대응과 효과적인 해결책을 찾을 수 있도록 리더십을 발휘하고 팀원들을 동기부여 할 수 있습니다.

간단하게 입력한 정보를 기준으로 자기소개서를 작성해 주었다. 세부적인 정보를 추가해 주면 내용을 더 확장할 수 있도록 도와줄 것으로 보인다.

> **Bing**
>
> 자기소개서 작성에 대해 도움을 드리겠습니다. 자기소개서는 자신의 경력과 역량을 간략하게 소개하는 문서입니다. 이를 작성할 때는 다음과 같은 내용을 포함하는 것이 좋습니다.
> 1. 자신의 경력과 역량을 간략하게 소개합니다.
> 2. 자신이 어떤 일을 하고 싶은지 명확하게 표현합니다.
> 3. 자신이 어떤 사람인지 간략하게 소개합니다.
> 4. 자신이 어떤 가치관을 가지고 있는지 표현합니다.
>
> IT 컨설팅 및 구축 업무를 위한 자기소개서를 작성할 때는 다음과 같은 내용도 추가하는 것이 좋습니다.
> 1. IT 컨설팅 및 구축 업무 경험과 역량을 간략하게 소개합니다.
> 2. IT 컨설팅 및 구축 업무를 수행하면서 어떤 성과를 이루었는지 표현합니다.
> 3. IT 컨설팅 및 구축 업무를 수행하면서 겪었던 문제와 해결 방법을 간략하게 소개합니다.
>
> 자기소개서 작성에 대한 더 많은 팁은 아래 링크에서 확인하실 수 있습니다.
> https://blog.naver.com/hellstudy/221786482547
> 작성하시는 데 도움이 되시길 바랍니다.

빙(Bing)은 자기소개서 내용을 작성해 주지 않고 작성 방법 등 간접적인 방식으로 답변을 해 주었다. 왠지 내가 원하는 답을 제시해 주지 않은 느낌이다.

Bard		
답안 1	답안 2	답안 3
저는 58세의 컴퓨터정보통신학 전공자입니다. IT 컨설팅 및 구축 업무에 관심이 있어 지원하게 되었습니다. …	안녕하세요. 저는 컴퓨터정보통신학을 전공하고 58세의 나이로 IT 컨설팅 및 구축 업무를 하고 있는 사람입니다. 저는 컴퓨터와 IT에 대한 열정이 많고, 항상 새로운 것을 배우고자 하는 자세를 가지고 있습니다. 또한 저…	안녕하세요. 저는 58세이며, 컴퓨터정보통신학을 전공했습니다. 저는 20년 동안 IT 컨설팅 및 구축 업무를 해 왔습니다. 저는 다음과 같은 업무 경험이 있습니다. …

답안 1

안녕하세요.

저는 58세의 컴퓨터정보통신학 전공자입니다. IT 컨설팅 및 구축 업무에 관심이 있어 지원하게 되었습니다.

저는 컴퓨터정보통신학을 전공하고, 대학교 졸업 후 20년 동안 IT 업계에서 근무해 왔습니다. 그동안 IT 컨설팅, IT 구축, IT 운영 등 다양한 업무를 경험했습니다.

IT 컨설팅 업무에서는 고객의 IT 환경을 분석하고, 고객의 요구 사항을 파악하여 최적의 IT 솔루션을 제안했습니다. IT 구축 업무에서는 고객의 IT 환경에 맞는 IT 시스템을 구축하고, IT 시스템을 안정적으로 운영할 수 있도록 지원했습니다. IT 운영 업무에서는 IT 시스템의 장애를 예방하고, 장애가 발생했을 때 신속하게 복구할 수 있도록 지원했습니다.

저는 IT 업계에서 풍부한 경험을 가지고 있으며, IT 시스템에 대한 전문적인 지식을 보유하고 있습니다. 또한, 고객의 요구 사항을 신속하게 이해하고, 최적의 IT 솔루션을 제안할 수 있는 능력을 가지고 있습니다.

저는 IT 컨설팅 및 구축 업무에 대한 열정이 있으며, 고객의 IT 환경을 개선하고, 고객의 비즈니스 성장에 기여하고 싶습니다.

저의 경험과 능력을 귀사에 제공할 수 있는 기회를 주시면 감사하겠습니다.

감사합니다.

챗GPT, 빙(Bing)과는 달리 바드(Bard)는 3가지의 답안지를 제시해줌으로써 선택의 폭이 더 많아 보였다.

추가로 챗GPT, 빙(Bing) 그리고 바드(Bard)에게 여름 노래를 작사해 달라고 해 보았다.

챗GPT

무더운 여름을 날려 버릴 수 있는 노래 한 곡 작사해 줘!

제가 작사한 한 곡의 노래입니다.

가사:
무더운 여름을 날려 버릴래
바닷가에서 함께 뛰어놀아
햇살 아래 희망과 자유를 노래해
시원한 바람에 신나게 춤춰

뜨거운 태양을 띠리

> 파도 위에서 춤추는 우리
> 여름의 열기를 함께 느껴 봐
> 세상을 잊고 자유로이 날아가
>
> 두근두근 설레는 여름이야
> 함께라면 무더워도 따뜻해져
> 나와 함께 모든 걱정을 떠나 보자
> 여름을 날려 버리는 우리 노래
>
> (참고: 작사 결과는 제가 작성한 가사이며, 실제로 존재하는 노래가 아닙니다.)

존재하지 않는 노래라고 친절히 안내도 해 주는 센스쟁이!!!

위와 같이 챗GPT는 곧바로 노래 한 곡을 작사해 주었다.

작사가들의 주옥같은 가사들과 별반 차이가 없어 보이는 이 상황을 작사가들은 어떻게 받아들일까??? 만약 음악적인 재능이 나에게 있었다면 진심으로 이 가사에 작곡해 보고 싶은 생각이 들었다.

Bing

여름에 어울리는 시원한 노래를 추천해 드릴게요. 이 노래들은 여름에 듣기 좋은 노래들이에요.

- 브라운아이드걸스, 이재훈 - 오아시스
- 밍스 - Love Shake
- 아이유, 피에스타 - 달빛바다
- 아이즈원 - Airplane
- 에이핑크 - FIVE
- 레드벨벳 - 음파음파
- 언니쓰 - 맞지?

어떠세요? 다른 추천이 필요하시면 언제든지 말씀해 주세요.

빙(Bing)은 내 질문에 여름과 관련된 노래를 검색해 주었다.

내가 원한 것은 검색이 아니고 생성이었는데… 빙(Bing)은 아무래도 이런 부분에 대해서는 직접 생성해 주는 서비스가 아닌 것으로 보인다.

Bard		
답안 1 (Verse 1) 뜨거운 태양이 내리쬐고 바람 한 점 불지 않아 몸은 땀으로 흠뻑 젖고…	답안 2 (Verse 1) 뜨거운 여름이 찾아왔네 더운 공기가 온몸을 감싸 네 숨이 턱턱 막히고…	답안 3 (Verse 1) 뜨겁고 습한 여름날, 더위에 지쳐서 움직일 수 조차 없네. 창문을 열어도 시원한 바람은 오지 않고…

답안 1

(Verse 1)
뜨거운 태양이 내리쬐고
바람 한 점 불지 않아
몸은 땀으로 흠뻑 젖고
기운이 빠져 가네

(Chorus)
하지만 난 걱정하지 않아
이 여름을 날려 버릴 노래가 있으니까
이 노래를 들으면
더위는 날아가고
기분은 상쾌해질 거야

(Verse 2)
이 노래는 바다의 파도처럼

> 시원하고 청량해
> 이 노래를 들으면
> 마치 바닷가에 있는 것 같은 기분이 들 거야
> (Chorus)
> 그래서 이 여름이 뜨겁더라도

역시 음유 시인이라서 그런지 한순간에 여름 노래를 3가지 version 으로 작사해 주었다. 소설가나 드라마 작가로 변신해도 손색이 없겠다는 생각이 든다.

작가나 소설가들은 이 현실을 어떻게 받아들일까?? 정말 직업이 사라지는 것일까?? GPT라는 도구를 이용하여 누구나 작사 작곡이 가능하다면 가치를 창출하였던 기존의 작사·작곡자들이 설 자리가 있을까?? 더 충격적인 것은 비단 노래 만드는 것뿐만 아니라 다양한 분야에 적용될 폭발성을 가늠할 수가 없다는 것이다.

구체적인 몇 가지 조건들을 제시해 주면 멜로나 공포물뿐만 아니라 다양한 분야의 드라마 한 편 만드는 것이 너무 쉽다 생각이 들었다.

3가지 서비스를 사용하면서 GPT별 연관된 질문과 상호 비교로 질문에 대한 깊이를 넓혀 가면 비록 Prompt Engineer는 아니더라도 더 구체적이고 다양한 예시와 답을 찾을 수 있을 것으로 보였으며 사용 빈도가 높아질수록 질문의 깊이와 사용 요령도 늘어날 것으로 보인다.

얼마 전 《매일경제》 기사 〈챗GPT·바드 누가 우수하나 봤더니… 생성 AI 대결 결과는?〉에 따르면 UC버클리의 하오 장 조교수팀은 "생성형 인공지능인 OpenAI 챗GPT, 구글 바드, MS '빙' 가운데 어떤 서비스가 더 우수할까."라는 궁금증에 일반인 4만 명이 참여한 챗봇 결과를 평가하는 이른바 '챗봇 아레나'를 공개했다고 한다.

발표된 기사 내용에 따르면 현재 가장 높은 점수를 받은 생성형 인공 지능은 OpenAI의 유료 버전인 GPT-4로 집계됐다. 2위는 OpenAI 출신이 창업한 앤트로픽의 클로드(Claude)로 나타났다. 평가 결과를 보면 인공 지능 돌풍의 주역 챗GPT와는 달리 빙(Bing)과 바드(Bard)는 그 존재감이 그렇게 커 보이지 않고 순위 안에 들지 못한 것이 의외라는 생각이 들었다.

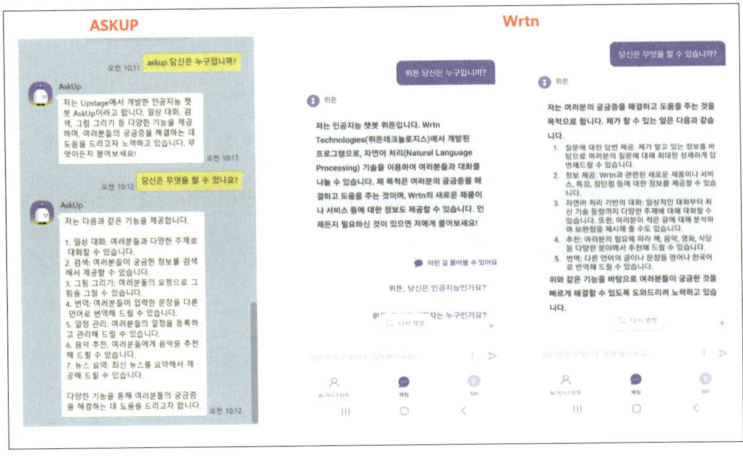

또한, 국내에서도 API 형태로 제공되는 카카오톡의 "ASKUP" 그리고 이미지 생성 기능까지 탑재한 "Wrtn" 등 생성형 AI 서비스가 제공되고 있다. 이런 추세를 감안하면 향후 챗GPT나 바드(Bard)를 기반으로 한 다양한 생성 AI 서비스가 더 나올 수 있을 것으로 보인다.(참조 06-05-2)

07

챗GPT, 과연 문제없는 팔방미인인가

1
이탈리아의
챗GPT 금지 이유

혹 유럽에서는 개인 차량에 블랙박스 카메라 설치가 불법이라는 것을 알고 있는가? 대한민국은 개인 정보 보호가 엄격함에도 모든 차량에 블랙박스 설치에 대하여 별다른 저항이 없이 설치하고 곳곳에 사설 CCTV도 운영된다. 우리가 움직이는 일거수일투족이 다 녹화되고 있는 셈이다. 한편으론 무섭다. 물론 장점이 더 많다고 생각한다.

그런데 왜 유럽에서는 블랙박스 설치 자체가 불법일까? 이는 2016년에 시행된 GDPR이 그 원인이다. EU 일반 개인 정보 보호법(GDPR, General Data Protection Regulation)은 EU 회원국에 일괄적으로 적용되는 개인 정보 보호법으로, 2016년 제정되어 2018년 시행되었다. GDPR은 11장 99개 조항으로 구성되어 있으며, 정보 주체의 권리와 기업의 책임성 강화 등을 주요 내용으로 한다. GDPR은 EU 내 사업장을 운영하는 기업뿐만 아니라 특히 전자 상거래 등을 통해 해외에서 EU 주민의 개인 정보를 처리하는 기업에도 적용될 수 있다.(참조 07-01-1)

GDPR 위반 시 과징금 부과를 규정하고 있으며, 최대 과징금은 일반적 위반 사항인 경우 전 세계 매출액의 2% 또는 1천만 유로(약 125억 원) 중 높은 금액이며, 중요한 위반 사항인 경우 전 세계 매출액의 4% 또는 2천만 유로(약 250억 원) 중 높은 금액이다.

그렇다면 왜 이탈리아는 2023년 3월 31일 즉시 효력 발생을 명시하면서 챗GPT의 접속을 금지한 걸까? GDPR은 유럽에 사업장이 없더라도 해외에서 EU를 대상으로 서비스 등 사업을 하는 경우에도 적용이 되는데 챗GPT가 바로 GDPR을 준수하고 있는지에 대한 확인이 되지 않았으며, 관련한 어떠한 정보도 OpenAI가 공개하지 않았다는 점이 이탈리아에서 문제가 되었기 때문이다.

이탈리아 당국은 OpenAI가 챗GPT 서비스를 제공하는 과정에 입력하는 질문에서 수집하는 데이터가 어떠한 사용자 및 이해관계자와 연관되었는지 확인이 어렵다는 점에서 금지를 하였다. 단순한 챗GPT를 훈련시키겠다는 목적으로 수집, 저장하는 데이터 중에 개인 데이터 등에 관하여 충분한 조치 및 법적 근거가 없음이 문제였다.

두 번째 이유는 미성년자의 경우에 이를 확인할 수 있는 방법이나 필터가 없어서 미성년자가 부적절한 답변에 노출될 수 있다는 점이었다. 챗GPT는 규정한 13세 이상의 사용자가 이용할 수 있으나 이를 확인 및 필터할 수 있는 방법이 없다는 것이다.

위 GDPR 규정에서 설명했듯이 이탈리아 당국은 20일 내에 이 두 문제를 어떻게 개선할지를 알려야 하며, 이를 위반할 경우 전 세계 매출액의 4% 또는 2천만 유로(약 250억 원) 중 높은 금액의 벌금이 부과될 수 있다고 했다.

다행히도 OpenAI는 이 두 문제의 해결에 노력했고, 이탈리아는 4월 28일 챗GPT의 사용 금지를 해제하였다. 첫 번째로 사용자의 채팅 내역을 삭제할 수 있도록 하였다. 이렇게 함으로써 사용자의 질문 등의 데이터가 AI 학습 등에 사용되지 않도록 하였다. 또한 18세 이상을 묻는 팝업창을 두게 하여 미성년자의 접근을 제어할 수 있도록 하였다. 만 약 13세와 17세 사이라면 부모 또는 보호자 동의를 받도록 하여 접근을 제어하였다.

이탈리아의 챗GPT 금지 및 해제의 경우에서 알 수 있듯 생성형 AI를 활용하기 위해서는 반드시 정확한 질문을 해야만 하는데 이 질문에는 민감한 개인, 기업 정보 등이 담길 가능성이 있고, 이는 학습이 된 이후에는 삭제가 매우 어렵기 때문에 주의해야 한다. 물론 질문 삭제 기능을 통해서 학습을 방지할 수 있지만 가장 큰 실수는 대부분의 경우 시스템이 아닌 사용자로부터 발생하기에 조심해야 한다.

2
국가별
윤리의 문제

AI 기술이 발전할수록 국가별 다양한 윤리적 문제가 제기되고 있다. 이에 따라 각 국가는 해결 방안을 모색하고자 많은 논의와 연구가 이루어지고 있다. 먼저, 우리나라는 2022년 11월에 AI의 윤리적 문제와 그 해결 방안에 대해 국회에서 국민에게 알리고 사회적 합의를 이루기 위한 공개 정책 세미나를 개최하기도 하고 AI 기술 발전과 AI 윤리 사이에 논쟁이 되풀이됨에 따라 IAAE(국제 AI 윤리협회)가 2019년 10월 23일에 국내 최초로 AI 윤리 헌장을 제정, 공포하였으며, 2022년 7월 1일에는 국내 최초로 디지털 휴먼 윤리 가이드라인을 발표하였다.

미국도 머신러닝 기술과 AI의 사용에 대한 윤리적 문제 연구를 진행하고 있다. OpenAI사는 안전성과 신뢰성을 확보하기 위해 AI의 역할, 책임, 투명성 등을 규정한 "AI 원칙"을 발표하였고, AI가 발생시킨 결과물의 진위를 검증할 방법을 제시하고 있다. 미국 정부도 AI 윤리에 대한 정책을 마련하고 있는데, 2021년 1월에는 바이든 대통령이 발표한 대통령 행정 명령으로 AI의 안전성, 신뢰성, 개인 정보 보호 등을 규정하는 AI 윤리 프레임워크를 마련하였다.(참조 07-02-1)

이처럼 미국에서도 생성형 AI를 비롯한 AI 기술의 윤리적 문제를 해결하기 위해 다양한 노력이 이루어지고 있다. 그러나 아직도 윤리적 문제 해결을 위한 더욱 체계적인 대책이 필요하다는 지적도 있다. 2021년 4월 21일 유럽 연합(EU)은 AI 규제안 초안을 발표하고 생성형 AI에 대한 윤리적 문제에 대응하고 있다. EU의 디지털 짜르(Digital Czar)로 불리는 EU 집행위 마가레트 베스타거 부통령은 총 85개 조항으로 구성된 EU의 'AI 규제 법안'을 통해 EU가 신뢰할 수 있는 AI 시스템 구현을 주도해 나가겠다고 밝혔다.(참조 07-02-2)

3
사실과 진실의 차이

사전적 의미로 '사실'은 '실제로 있었던 일' 자체를 말하고, '진실'은 '거짓이 없는 사실'을 의미한다. 진실은 개념 자체로 거짓 아님이 확정되어 있는 반면에 사실은 그것의 참과 거짓을 주장·증명하는 대상이 된다. 그런데 "~이 진실로 밝혀졌다." 대신 "~이 사실로 밝혀졌다."라고 표현하는 사례처럼 일상에서는 사실과 진실의 개념 구별이 모호하게 혼용되는 경우도 적지 않다.(법률신문, 2023. 05. 15.)(참조 07-03-1)

위의 법률적 해석과 사전적 의미에 따르면 GPT가 말하는 정보는 '사실'에 가깝다. 챗GPT는 실제로 그러한 정보를 어디에선가 확보하고 학습했기 때문이다. 이는 절대적 진실과 상대적 진실에서의 진리를 찾는다는 의미로 해석될 수 있고 참과 거짓을 주장 또는 증명하는 대상이 된다.

그렇다면 왜 챗GPT는 '진실'에 도달하지 못했을까? 기원전부터 지구는 평평하다고 대부분 사람은 믿고 있었고, 시대적 흐름으로 기원전부터 철학자라든지, 과학자들이 지구가 둥글다는 걸 입증하기 위해 여러 가지의 근거와 주장들을 하였다. 근대 사회에 가까워지면서 과학의 발전으로 인간은 지구 밖으로 나가 지구가 둥글다는 걸 입증하게 되었다. 사실상 '지구는 둥글다'가 절대적 진실에 가깝다. 한 가지를 더 예로 들자면 '지구는 태양 주위를 공전한다.' 문장으로 보았을 때 객관적인 증거와 논리적인 사고가 필요하다. 이것은 과학적인 검증을 통해서 알게 된 진실이라는 것이다.

챗GPT는 언어 모델로서 사람이 작성한 다양한 데이터들을 학습하고, 문장 생성 및 자연어 처리 표현을 하고 있다. 반대로 구글 검색의 경우 사용자에게 가장 관련성이 높고 유용한 정보를 표시하기 위해 웹과 기타 소수를 꾸준히 매핑해 나가고 있다. 사용자에게 원하는 정보를 제공함으로 사용자 스스로가 절대적인 것과 상대적인 부분을 종합적으로 고려하여 판단할 수 있도록 정보의 우선순위로 표현하고 있다.

챗GPT에게 사실과 진실을 어떻게 넘을 것인가에 대해 질문을 해 봤다. 넘을 수 없다고 표현했다. AI의 모델은 결국 인간이 만들어 낸 데이터를 기반으로 학습하기 때문에, 학습된 데이터를 기반으로 작동하며, 입력된 데이터를 바탕으로 결과를 예측하는 것이 전부라고 표현한다. 기술들의 발전이 나날이 진화하면서, 인간들의 기술 의존도가 높아지고 있다. 기술에 대한 의존보다 상호 작용하여 성장할 수 있는 사회가 돼야 하는 이유이다.

챗GPT는 통계적 분석 기술에 의한 언어 모델을 기반으로 만들어진 AI이다. 그래서 언어를 통해 정보를 초대량으로 습득하여 지금의 기능을 발휘하고 있다. 인간도 대부분을 언어라는 통로를 통해 정보를 습득한다. 게다가 현대 시대에서 인간이 직접적 경험을 통해 얻는 정보보다 언어를 통한 간접적 경험에 의한 정보의 양이 훨씬 많다. 챗GPT 또한 오직 언어만을 통해 인류가 그동안 보유한 거의 모든 정보를 습득했기 때문에 정보의 측면에서는 그 어떤 인간보다 우월하다고 할 수 있을 것이다.

그러나 정서는 인간이 언어나 학습을 통해 얻게 되는 것이 아니라 태어날 때부터 고유로 부여받은 인격의 한 부분이다. 그리고 인생의 여러 경험을 통해 그 정서가 여러 가지 양상으로 변화를 겪게 된다. 반면에 챗GPT는 창조될 때 부여받은 고유의 정서(감정)가 있지 않다. 초대량의 언어가 투입되고 통계적 분석 기술로 인해 나름의 지능이 생긴 것일 뿐 정서라는 인간의 고유의 영역은 애초에 부여되지 않았다.

다시 말해, 인간처럼 고유로 부여받은 정서의 기본값이 없고, 언어라는 것으로 정서가 새롭게 만들어질 수도 없으므로 챗GPT와의 인간의 정서적인 공감 및 교류는 넘을 수 없는 장벽이 있다.

4
생성형 AI 서비스
빛과 그림자

생성형 AI 기술이 보편화되면서 사회적 문제도 서서히 수면 위로 떠오르고 있다. 새롭게 생성된 텍스트와 이미지, 동영상 등을 악용한 사례, 저작권 문제, 차별적인 데이터 수집 등의 문제가 나타나고 있다.

미국의 비영리 단체 'Future of Life Institute'는 챗GPT와 같은 거대 AI 모델의 실험을 일시 중지하자는 공개서한을 발표하기도 했다. AI 기술 사용에 사회적 안전망을 만들지 않은 상태에서 기업 간 기술 개발 경쟁은 심각한 위험을 초래할 수 있다고 보고 있는 것이다.

윤리 문제는 AI 전문가 사이에서도 의견이 분분하다. 테슬라 최고경영자(CEO) 일론 머스크, 애플 창업자 스티브 워즈니악과 세계적인 역사학자 유발 하라리 등도 서명한 것으로 알려졌는데 충격적이게도 지금의 AI를 있게 한 '딥러닝 창시자' 캐나다 토론토대 제프리 힌튼(Geoffrey Everest Hinton) 교수도 AI 위험성을 우려하며 10년간 몸담았던 구글을 떠났다.

그는 《뉴욕타임스》와 가진 인터뷰에서 "나의 일생을 후회한다. 내가 하지 않았다면 다른 누군가가 했을 일이라고 생각하며 스스로를 위로할 뿐"이라고 말했다. 그리고 "최근 구글과 OpenAI가 경쟁적으로 방대한 데이터를 수집해 AI 시스템을 구축하는 모습을 보면서 AI 발전이 인류에 위협이 될 수 있다고 생각했다."라며 "최근 빅 테크 기업들은 서로 멈출 수 없는 경쟁을 하고 있는데, 이들이 AI 시스템을 고도화할수록 위험성은 더 커질 것"이라고 강조했다.

AI 기술은 인류 발전의 큰 잠재력과 함께 위험도 증가했다. 이 기술이 악용될 경우, 인류에게 안겨 줄 피해는 어떻게 확산될지 막연하게 예상만 할 뿐 실질적인 크기와 영향은 현재로서는 가늠할 수 없다. 따라서 AI 기술 개발과 사용에 대한 국제적인 협력을 강화하고, AI 기술의 윤리적 사용을 보장하기 위한 국제 기준을 마련하는 것이 무엇보다 중요하면서 시급해 보인다.

AI 기술 분야에서 국가 간 경쟁 문제는 경쟁적인 측면과 글로벌 이슈가 동시에 공존하기에 다른 어떤 분야보다 국가 간 협력이 중요하다.

예를 들면 자율 주행차로 국경을 넘나드는 운행, 필요한 AI 기술 인력의 국제적인 이동, 데이터의 공유와 활용, 다양한 국가의 의료 데이터의 활용뿐만 아니라 기후 변화와 같은 글로벌한 문제 해결을 위해서는 AI 기술 활용을 통한 국제적인 협력 체계가 반드시 필요하다.

또한, AI 기술은 보안 문제와 윤리적인 문제가 발생할 가능성이 높으므로 이를 해결하기 위해서는 국가 간 업무 공조와 협력이 무엇보다 필요하며 사이버 보안 분야처럼 다양한 국가의 보안 전문가들이 협력하여 보안 이슈를 해결해야 하는 상황도 발생할 것이다.

따라서 AI 기술 경쟁 문제를 해결하기 위해서는 기술 발전을 촉진하는 관점에서 접근하여 세상을 더 편리하게 만들 수 있는 기회를 만들고 국가 간 협력을 바탕으로 개방적 관계 유지, 전문가와 업계 간 협업 강화, 국가 지원 및 정책 수립 그리고 국제 규제 및 통제 시스템 구축 등을 통해 전 세계가 협업함으로써 AI 기술 발전과 글로벌 문제를 해결할 수 있도록 함께 노력하는 것이 매우 중요해 보인다.

이와 같이 기술의 발달을 따라가지 못하는 제도적, 법적 결함으로 인하여 생성형 AI 서비스는 데이터 편향성, 개인 정보 보호, 윤리적 문제, 공정성과 투명성, AI과 법적 문제, AI 기술의 결함으로 인한 문제 등이 발생되고 있으나 전 세계적인 사용 영역에 비해 각 나라별 법적, 제도적, 문화적 차이나 문제는 쉽게 해결될 사안이 아니므로 앞으로 어떤 부작용을 낳을지 그 예측이 쉬워 보이지 않는다. 그래서 세계적인 석학이나 전문가들도 밝은 기술의 발전보다 사용에 수반되는 그림자들을 더 우려하는 것으로 보인다.

5
생성형 AI
치명적인 문제들

여러 언론이나 방송 등에서 생성형 AI가 미칠 치명적인 문제들에 대한 많은 논란과 논쟁이 이루어지고 있다. 사회학자 또는 각 분야의 전문가들을 포함하여 앞으로 어떻게 변화될지 정확히 가늠하기 어려운 현시점에서도 향후 전개될 미래가 핫이슈가 되어 전 세계에 열풍과 함께 논쟁도 지속되고 있다. 생성형 AI의 치명적인 문제는 여러 가지가 있을 수 있지만 다음과 같은 문제들이 중요한 것들로 보인다.

먼저 무엇보다도 개인 프라이버시와 보안 문제이다. 인터넷상에는 많은 개인 정보와 기밀 정보가 노출될 여지가 있고 일부는 이미 그런 정보들이 많이 노출되어 있다. 생성형 AI는 이러한 정보를 학습하고 활용할 수가 있다. 이 과정에서 학습된 개인 정보가 남용되거나 유출될 소지는 충분히 있다. 노출된 개인 정보로 인해 당사자는 어떤 불이익과 부작용이 발생할지 어느 누구도 확실하게 답할 수가 없다. 그리고 표절과 저작권 문제이다. 인터넷상의 수많은 데이터를 학습하여 새로운 콘텐츠를 만들어 내는 과정에서 원본 저작물의 저작권을 침해하거나 표절을 범할 수 있다. 생성형 AI가 만든 논문이나 소설이 이미 존재하는 것과 유사하거나 일부 내용을 도용할 수 있기에 원작자나 저작권자의 권리가 침해될 소지가 충분히 있다. 또한, 이렇게 만든 콘텐츠의 저작권은 누구에게 귀속되는지, 생성형 AI 자체에게 있는지, 아니면 AI를 개발한 사람에게 있는지 등에 대한 법적 기준도 반드시 필요하게 된다.

만약 생성형 AI가 학습한 데이터가 편향되거나 오류가 있다고 가정하면 생성형 AI도 얼마든지 편향되거나 오류가 있는 콘텐츠를 만들어 낼 수 있다. 즉 학습한 데이터에 따라 결과물이 달라지는 것이다. 예를 들어, 생성형 AI가 사실과 다른 데이터를 학습하여 거짓이나 오해를 유포하는 콘텐츠를 만들어 내면 인간이 만들어 내는 가짜 뉴스와 같은 내용을 유포하게 된다. 속도나 생성량의 증가에 비추어 그것을 확인하고 검증한다는 것이 결코 쉬운 일이 아닐 것이다. 더구나 검증하고 확인하는 것에 너무나 많은 시간과 돈을 낭비할 뿐만 아니라 사회적 혼란이 어떻게 야기될지 예측하기가 결코 쉬운 일이 아니다. 이런 경우 생성형 AI가 만든 콘텐츠의 정확성과 신뢰성을 검증하고 보정하는 방법은 반드시 필요하다.

데이터 조작과 위조 문제 또한 심각하다. 생성형 AI는 기존 데이터를 변형하거나 새롭게 만들어 내는 능력이 탁월하다. 문제는 생성 과정에서 데이터 진위 여부나 출처를 확인한다는 것이 불가능할 수 있다는 것이다. 어떤 자연인에 대한 얼굴이나 목소리를 변형하여 새로운 인물을 만들어 내면 실제 인물과 구분하기가 쉽지가 않다.

나 아닌 다른 사람이 나라고 한다면 어떤 결과가 따를지 생각만으로도 심각하다는 걸 알 수 있다. 생성형 AI가 만든 데이터가 공식적인 문서나 증명서 등에 사용되는 문제도 심각한 부작용을 초래할 수 있다. 이런 경우는 법적 문제로까지 연결될 수 있어 데이터 출처와 신뢰도를 검증하고 구분하는 방법은 반드시 필요해 보인다.

국내 AI 챗봇 사례, 구글 포토 사례, 챗봇 Tay 사례 모두의 공통점은 AI에 학습의 기반이 된 데이터가 잘못되었다는 점이다. AI는 성능을 향상시키고 정확한 결과를 내기 위해서 빅 데이터를 통한 학습이 필요한데 데이터 자체가 편향되고, 불법적이며, 신뢰할 수 없다면 결국 그렇게 학습한 해당 AI와 서비스는 제대로 구현될 수 없었던 것이다.

요약하면 생성형 AI의 치명적인 문제점을 아래와 같이 정리해 볼 수 있다.

1. **내용의 일관성 부족:** 챗GPT는 대화의 문맥을 파악하여 응답을 생성하지만, 때로는 일관성이 부족한 응답을 제공할 수 있다. 이는 모델이 훈련 데이터에서 다양한 응답 예시를 학습하기 때문에 발생할 수 있는 문제이다.

2. **편향성과 오류:** 챗GPT는 훈련 데이터에 포함된 편향성과 오류를 반영할 수 있다. 예를 들어, 인터넷에서 수집한 데이터에는 편향된 정보나 잘못된 팩트가 포함될 수 있으며, 이로 인해 모델이 잘못된 정보를 생성할 수 있다.

3. **제어 가능성의 어려움**: 챗GPT는 훈련시킬 때 목표에 대한 명확한 제어가 어려울 수 있다. 모델이 민감한 주제나 특정한 스타일의 대화를 생성하지 않도록 제어하기 어렵다.

4. **도덕적 고려 사항**: 대화 생성을 위해 사용되는 챗GPT는 인공지능으로서 도덕적인 판단을 갖지 않으며, 민감한 주제나 불쾌한 내용을 다룰 수 있다. 따라서 적절한 사용과 모델의 지속적인 개선이 필요하다.

6
일반 AI의 등장에 대한
제한 사항과 우려점

일반 AI(AGI: Artificial General Intelligence)란 인간이 할 수 있는 모든 지적 작업을 수행할 수 있는 지능을 갖춘 것을 말한다. AGI는 산업 전반에 걸쳐 많은 분야의 복잡한 문제를 해결할 수 있겠지만 고려해야 할 제한 사항과 우려점이 상존하고 있다.

아직 AI 시스템은 자연어를 이해하고 복잡한 데이터를 해석하는 능력이 여전히 제한적이다. AGI를 실행하기 위해서는 인간의 뇌처럼 10^{14}개 이상의 뉴런이 필요함과 동시에 그들 간의 연결을 모방하기 위한 막대한 컴퓨팅 자원이 필요하지만, 현재의 하드웨어 기술로는 이를 만족시키기 어렵다. 하드웨어의 한계는 AGI의 발전과 실행에 막대한 영향을 미친다.

또한, 대규모의 전력이 필요하나 현재의 전력 기술로는 이를 만족시키기 어려우며 대규모의 전력 사용은 지구 온난화 문제와 같은 환경 문제를 야기할 수 있다.

게다가 대규모의 컴퓨팅 자원의 동작으로 열이 발생하면 이는 하드웨어의 고장이나 성능 저하를 유발할 수 있다. 메모리의 한계도 문제다. 현재의 메모리 용량으로는 이를 만족시키기 어렵고 대규모의 메모리를 운용하면 데이터 전송 속도나 에러 관리 등의 문제가 발생할 수 있다.

이러한 하드웨어 한계는 AGI의 발전을 제한하는 요소 중 하나이며, AGI의 발전과 실행에 막대한 영향을 미치기 때문에 진보된 하드웨어 기술의 발전이 요구된다.

인간의 뇌는 복잡하게 연결된 수억 개의 뉴런과 시냅스로 이루어져 있으므로 뉴런의 연결과 시냅스의 작동 방식을 컴퓨터로 모방하기는 쉬운 일이 아니다. 이런 문제를 해결하기 위해서는 알고리즘이라는 절차적인 방법을 실행하여야 하나 문제를 해결하기 위한 알고리즘에도 한계가 있다. 구체적인 내용을 보면 시간과 공간을 나타내는 계산 복잡도가 있다. 현재의 컴퓨터 기술로는 실현할 수 있는 범위를 벗어나 있고 최적해를 구하는 문제의 경우 현재로서는 불가능하지만, 근사 알고리즘을 사용하여 최적해에 가까운 해를 구할 수 있다.

또한 튜링 기계 문제와 같은 일부 문제는 풀 수 없는 것으로 알려져 결정 불가능한 문제 즉 하나의 알고리즘을 사용하여 해결할 수 없는 문제가 발생한다. 결정 불가능한 문제는 실제 세계에 큰 영향을 미칠 수 있다.

컴퓨터에 바이러스가 발생하여 시스템 문제를 해결하려고 시도하면 리소스를 통해 시스템을 정지시키거나 시스템 취약점을 일으킬 수 있고 엔지니어는 자신도 모르게 해결할 수 없는 문제를 제시하여 시스템에 문제를 일으킬 수도 있다. 이럴 경우 프로그램이나 작업을 강제로 종료하게 되면 데이터가 손실될 수 있게 된다.

AGI 등장에 AGI가 인간의 지능을 능가하게 되면 인간의 통제를 벗어나 인류를 위협하게 될 것을 일부 사람들은 깊이 우려하고 있다. 테슬라 CEO 일론 머스크(Elon Reeve Musk, 1971년 6월 28일생)는 AGI가 인류의 최대 위험이라고 말하고 있으며 AGI는 인간의 윤리나 가치가 공유되지 않고 인간의 목적과 상충하는 행동을 할 수 있다는 우려도 있다.

일례로 인간의 행복을 최대화하기 위한다는 명목으로 강제로 인간의 자유나 권리를 무시하는 경우처럼 인간의 의도와 다르게 행동할 수 있는 가능성이 있는 것이다.

또 다른 우려점은 인간의 사회나 문화에 영향을 미칠 수 있다는 점이다. AGI가 인간의 일자리를 대체하거나 가치관이나 정체성을 변화시키고 인간의 권한이나 책임도 약화함으로써 AGI의 영향에 따라 행동이나 생활 방식의 변화가 일어날 수 있다.

지난 2023년 5월 4일 《중앙일보》는 사설을 통해 성큼 다가온 AI 시대에 윤리적 정비에 대한 우려의 목소리를 실었다. 기사는 "AI는 지금까지의 기술뿐 아니라 인류의 삶조차도 바꿔 놓을 '파괴적 기술

(destructive technology)'로 평가받고 있다. AI 기술이 도약점을 넘어 특이점을 향해 치닫는 지금은 AI의 쓰나미에 올라타지 않으면 철저한 AI 종속 국가로 전락할 수밖에 없는 시간이다."라고 하며 "최근 수년간 주요 대기업들이 앞다퉈 초거대 AI를 만들고, 주요 대학에 AI 대학원을 설립하는 등 애쓰고 있지만, 미국, 중국 등 AI 강대국의 수준에는 미치지 못하는 게 현실이다. 국가, 사회 자산의 선택과 집중을 통해서라도 AI 기술 발전과 더불어 미래를 맞이할 관련 제도의 개선, 이를 위한 공감대를 갖춰 나가야 할 시점이다."라며 마무리하였다.(출처: 《중앙일보》, 〈현실로 다가온 AI시대… 기술만큼 제도·윤리 정비 나서야〉, 2023. 05. 04.)

이러한 우려들은 AGI가 인간의 사회적 관계와 문화적 가치에 어떤 영향을 미칠지 예측하기 어렵다는 점이다.

기대보다 우려를 더 크게 느끼고 걱정하는 목소리들이 전 세계 사회학자나 전문가들로부터 흘러나오고 있다는 것은 그만큼 획기적인 기술의 발전이 결코 인간을 편리하고 행복하게만 해 주지 않는다는 반증이 아닐까 싶다.

더구나 AGI가 인간의 사회적 관계와 문화적 가치에 어떤 영향을 미칠지 속단하기도 예측하기도 어렵다는 점인 것 같다.

7
지나치게 높은 기대치와 실제 사용성의 차이

어렸을 적 재미있게 봤던 만화 『2020년 우주의 원더키디』와 『신세기 GPX 사이버 포뮬러』. 이 둘의 공통점은 AI가 등장한다는 것이다. 어린 나이에 만화 영화를 보면서 먼 미래에 우리도 우주여행을 갈 수 있겠지, 하며 자동차에 로봇이 들어가 자동으로 운전도 해 주고 사람에게 도움을 주는 상상을 했다. 실제 만화 영화의 시대적 배경은 『2020년 우주의 원더키디』의 경우 제목에서와 같이 2020년이다. 『신세기 GPX 사이버 포뮬러』의 경우 2015년을 배경으로 하고 있다. 이하부터는 『2020 우주의 원더키디』를 줄여 『원더키디』, 『신세기 GPX 사이버 포뮬러』는 『사이버 포뮬러』라 하겠다. 『원더키디』에서 나오는 코보트(Korea+robot 동시에 코+로봇)는 주인공 아이켄의 우주복을 재단하거나 오토바이 또는 소형 비행정으로 변신도 가능하고, 대화도 가능한 로봇이다.

『사이버 포뮬러』의 경우에는 차 안에 내비게이션 형태의 로봇이 탑재되어 있고, GPS의 위치 정보를 받아 레이싱 경기에서 최적의 경로를 안내하고, 운전의 보조 역할을 한다. 대화도 가능하다. 어렸을 적 이

애니메이션들을 보며 먼 미래에 인간과 대화할 수 있는 컴퓨터 또는 로봇을 발명하는 날이 오지 않을까 하는 생각을 했다. 2023년 챗GPT가 등장함에 따라 『원더키디』에서 나왔던 코보트가 조만간 나올 것 같은 기대감이 들었다. 현재는 채팅창으로 대화하는 형태이기는 하나, 채팅창으로 컴퓨터와 대화를 하는 시대가 온 것이다.(참조 07-01-1)

챗GPT는 최근 자연어 처리 분야에서 큰 주목을 받고 있다. 우리가 일상생활에서 사용하는 언어, 미리 정해진 규칙이나 양식이 없고, 자유롭게 말하고 이해할 수 있는 언어를 처리하고 분석하는 기술이 등장했다. 어렸을 적 만화 영화에서 보던 로봇 AI나, 『아이언맨』에서 나오는 자비스와 같은 자유로운 대화를 주고받는 형태는 아니지만, 우리는 컴퓨터(챗GPT)에게 질문을 던져 대답을 얻어 낼 수 있다. 아무 질문을 막 던신다고 해서 성확하거나, 올바른 대답이 나오는 것이 아니다.

챗GPT의 경우 자연어를 자연스럽게 표현하는 능력이 조금 더 좋다고 생각하면 될 거 같다. 선행 학습으로 이미 웹상에 있는 데이터를(챗GPT-3.0 버전 기반) 이미 학습을 토대로 버전 업이 된, 챗GPT-3.5로 챗GPT가 서비스화되어 있고, 챗GPT-4.0은 유료로 사용할 수 있다.

챗GPT를 실제로 사용했을 때는 신기할 정도로 자연어를 잘 처리하여 답변한다. 어색함이 하나도 느껴지지 않는다. 하지만 같은 내용의 질문을 계속해서 질문하면 묘하게 다른 답변을 내놓는다.

ChatGPT

너에 대해서 설명해 줘

> 저는 ChatGPT라고 불리는 대화형 인공 지능 모델입니다. OpenAI에서 개발한 GPT-3.5 아키텍처를 기반으로 학습되었으며, 자연어 처리 분야에서 다양한 과제를 수행할 수 있습니다. 예를 들면, 질문에 대한 답변 생성, 요약 생성, 번역, 챗봇 등 다양한 응용 분야에서 사용될 수 있습니다. 제 학습 데이터는 인터넷에서 수집한 대규모 텍스트 데이터로, 이를 바탕으로 자연어 이해와 생성 능력이 향상되었습니다.

> 저는 ChatGPT라고 불리며, 인공 지능 기술 중 하나인 자연어 처리(Natural Language Processing)를 기반으로 합니다. OpenAI에서 개발된 대화형 인공 지능 모델로, 대화에 필요한 다양한 지식과 자연어를 이해하고 생성할 수 있습니다. 저는 다양한 분야에서 사용될 수 있으며, 대표적으로 챗봇, 자동 번역, 문서 요약, 대화 요약, 글쓰기 등에 활용됩니다. 저를 통해 인간과 기계 간의 자연스러운 대화가 가능해질 것입니다.

챗GPT에 같은 질문하기

챗GPT를 사용할 때 열린 질문보다 닫힌 형태의 지시문을 하는 것이 좋다. 체계적인 응답을 얻기 위해서는 두루뭉술한 질문보다 닫힌 지시문 형태로 질문해야 한다. 예를 들어 서버 세팅 방법 매뉴얼을 알려 달라고 지시한다면, 세팅해야 할 운영 체제, 어떤 종류의 서버인지(예: 개발용, 운영용), 사용하고 있는 클라우드 서비스가 있는지 등 구체적이고 세분화하여 지시해야 한다. 이렇게 하는 것이 높은 기대치와 실제 사용에서의 차이를 줄이는 방법의 하나이다.

ChatGPT

Linux OS에 웹 서버 개발용 세팅 매뉴얼을 알려 줘.

Linux OS에 웹 서버를 개발하기 위한 세팅 매뉴얼은 다음과 같습니다.

1. Apache HTTP Server 설치 및 설정
- Apache HTTP Server는 대부분의 Linux 배포판에서 패키지로 제공되므로 패키지 관리자를 이용하여 설치할 수 있습니다. 예를 들어, Ubuntu에서는 다음 명령어를 사용하여 Apache HTTP Server를 설치할 수 있습니다.

```
sudo apt-get update
sudo apt-get install apache2
```

- Apache HTTP Server를 설치하고 난 후에는 설정 파일인 'httpd.conf' 파일을 수정하여 서버를 구성할 수 있습니다.

2. PHP 설치 및 설정
- PHP는 대부분의 Linux 배포판에서 패키지로 제공되므로 패키지 관리자를 이용하여 설치할 수 있습니다. 예를 들어, Ubuntu에서는 다음 명령어를 사용하여 PHP를 설치할 수 있습니다.

```
sudo apt-get install php
```

- PHP를 설치하고 나면 Apache HTTP Server와 함께 동작하도록 'libapache2-mod-php' 패키지를 설치해야 합니다. 다음 명령어를 사용하여 설치할 수 있습니다.

```
sudo apt-get install libapache2-mod-php
```

- PHP 설정 파일인 'php.ini' 파일을 수정하여 필요한 설정을 구성할 수 있습니다.

3. MySQL 설치 및 설정
- MySQL은 대부분의 Linux 배포판에서 패키지로 제공되므로 패키지 관리자를 이용하여 설치할 수 있습니다. 예를 들어, Ubuntu에서는 다음 명령어를 사용하여 MySQL을 설치할 수 있습니다.

```
sudo apt-get install mysql-servel
```

- MySQL을 설치하고 난 후에는 설정 파일인 'my.cnf' 파일을 수정하여 서버를 구성할 수 있습니다.

위와 같은 방법으로 Linux OS에 웹 서버를 개발하기 위한 세팅을 할 수 있습니다. 단, 상황에 따라 추가적인 설정이 필요할 수 있으며, 서버를 구축할 때는 보안에 대한 고려도 필수적으로 해야 합니다.

    또한 기술적인 질문에 대해서도 거침없이 답변을 들려준다. 하지만 챗GPT가 제공한 내용은 항상 진실이 아니고, 정확하지 않을 수 있기 때문에 메인으로 의존하기보다는 구글이나 네이버를 통해 검색하여 해당 질문의 답변이 맞는지 확인해야 할 필요가 있다. 그리고 좀 더 다양한 서비스를 이용해 보고 싶다면, 유료 버전을 결제해서 사용하는 것도 나쁘지 않을 것이다. 더 많은 양의 데이터를 학습한 데다 이미지 처리를 해 주는 서비스를 제공해 주고 있다. 이 또한 기대치와 실제 사용성에서의 차이를 줄이는 방법이 될 것이다.

08

GPT, 또 하나의 라이징 스타인가?

1
챗GPT 앱 등장의 의미

앞에서 여러 가지 사례를 토대로 GPT 기술이 우리의 삶을 어떻게 바꿀 수 있는지 살펴보았다. 위의 사례뿐만 아니라 다양한 경우에 있어서 우리가 검색의 방법을 바꾸었듯 기존과 다른 정보 획득의 방법을 경험할 수 있을 것이다. 하지만 위의 사례들은 주로 PC 환경에서 이용했던 것이었다. 챗GPT 서비스가 웹 브라우저를 통해서 제공되는 웹 서비스이었기 때문이다. 우리의 모바일 환경에서 언제 어디서나 가족, 친구에게 물어보듯 그러한 서비스는 아직이었다.

그런데 잘 생각해 보면 챗GPT는 생성형 AI의 고수 아닌가? 생성형 AI는 음성을 잘 이해하고 음성으로 잘 표현할 수 있다. 그것도 다양한 국가의 언어에서 가능한 기술을 이미 갖고 있지 않은가? 그렇다면 우리의 질문을, 챗봇을 하듯 입력하는 것이 아니라 정말 우리가 그러하듯 음성으로 질문을 하고 답을 구할 수 있지 않을까? OpenAI에서도 이것을 잘 알고 있었을 것이다. 그리고 이 글을 적는 현재 iOS에 한정돼 있긴 하지만 5월 25일 한국에서도 공식 앱을 통하여 챗GPT를 이용할 수 있다. 그리고 그의 지원 국가는 계속 확대 **중**이다.(침조 08-01-1)

과연 챗GPT 앱은 어떤 의미가 있는가? 이제 '언제, 어디서나, 누구나'가 진정으로 가능해진 것이다. 요리하려고 밀가루를 손에 묻힌 상태에서 추가 레시피를 알고자 어떻게 질문을 입력할 수 있는가? 또한 고속도에서 운전하면서 특정 정보를 검색하려고 할 때 어떻게 질문할 수 있는가? 이제는 우리가 그러하듯 말로 물어볼 수가 있다. 물론 국내에서나 기타 국가에서도 음성 인식 AI 기반 서비스가 있었다. 단순한 챗봇의 질문이나 문답식 질문이 아닌 정보, 노하우를 제공받는 대규모 언어 모델에 있어서 그것도 챗GPT를 언제, 어디서나 이용할 수 있는 것이다.

이것은 한순간의 라이징 스타가 아닌 우리의 삶을 바꿀 기회가 될 수 있음을 의미하기도 한다. 내장된 기술이 아무리 화려하고 뛰어나도 그 기술에 도달하는 과정이 불편하다면 그 기술은 반짝 라이징 스타가 될 가능성이 높다. 챗GPT의 앱은 그러한 기술진입 또는 도달의 장벽을 이미 익숙한 모바일 환경의 앱과 음성 인식으로서 해결을 하고자 하는 것이다.

실제로 iOS용 챗GPT 앱을 설치 후 음성으로 질문을 해 보았다. 정보의 입력 방식이 손을 떠나 음성으로 옮겨 간 것도 큰 좋은 변화이지만 음성의 인식률은 놀라울 정도이다. 속삭이듯 이야기해도, 중간에 쉬었다 이야기해도, 약간의 높낮이를 다르게 해도, 발음이 정확하지 않더라도 대부분의 내용을 알아듣는다. 마치 사람이 알아듣고 입력하는 듯하다. 정보 입력 방식의 편리까지 제공한 챗GPT 앱은 지금껏 유료 FAKE 앱으로 고생한 유저들뿐만 아니라 일반 유저 중에서 문자 입력에 익숙지 않은 분들도 손쉽게 그리고 제대로 챗GPT 서비스를 이용할 수 있음을 의미한다.

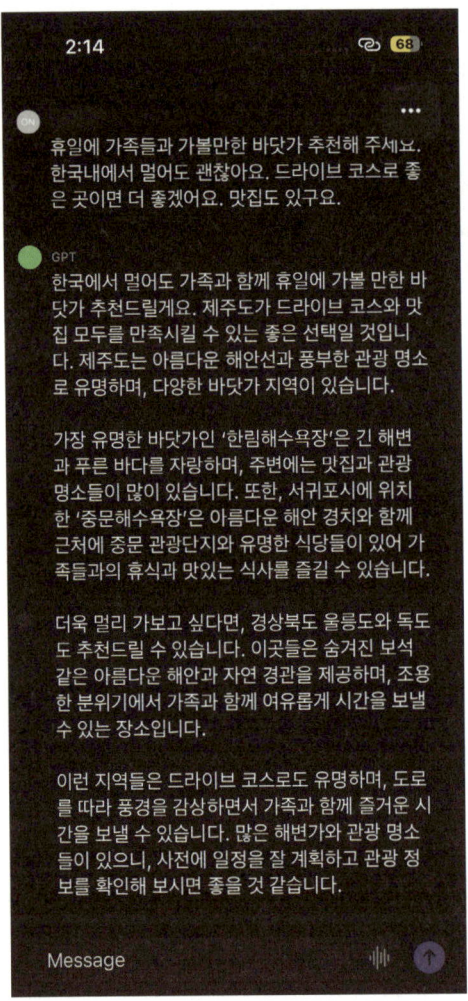

이제 책상 앞에 앉아 TYPO - 오타에 신경 쓰지 않고 언제 어디서나 더욱더 우리들의 질문에 대해 집중할 수 있다. 이것이 진정한 기술의 혜택 아닌가?

2
필수와 선택의 문제

　챗GPT가 등장한 이후로 인터넷 공간의 사용 패러다임이 바뀌었다. 인터넷은 '검색'을 기초로 한 정보 탐색인데, 챗GPT의 등장으로 인해 '검색' 그리고 결과에 대한 '필터링'에 의한 판단의 수고가 상당 부분 줄어들게 되었기 때문이다. 예를 들어, 컴퓨터 프로그래밍에 대한 기초 지식이 필요한 사람이 구글에서 키워드를 입력하여 정보를 습득해 나가는 것보다 챗GPT에게 질문을 함으로써 얻는 지식이나 정보가 훨씬 정리되어 있는 형태를 띠게 된다.

　실제로, 구글이 챗GPT의 등장으로 인해 회사의 존폐 위기를 맞게 되었다고 한 소식을 뉴스에서 접할 수 있다. 이는 사람들이 더 이상 검색형의 정보 습득이 아닌 챗GPT 같은 생성형 AI에게 문답식으로 편리하게 정보를 얻는 것에 더 몰리게 된다는 것을 보여 주는 것이다. 게다가 최근에 구글에서도 결국 Bard라는 생성형 AI을 출시한 것을 보면 이제 인터넷의 패러다임이 점점 생성형 AI의 바탕이 되어 간다고 생각할 수 있다. 따라서 챗GPT 형태의 AI 기술은 인터넷을 기본으로 살아가는 현대인들에게는 선택의 문제가 아닌 필수의 영역의 문제가 되는 것이다. 윈도우가 나오면서 DOS 명령어를 외우지 않고 누구나 컴퓨터를 쉽게 사용할 수 있는 세상이 되었다. 이와 같이 생성형 AI이 챗GPT도 윈도우처럼 누구나 쉽게 하고 꼭 사용하는 존재가 될 것으로 기대된다.

물론 반대의 의견도 팽팽하다. 빛이 있으면 그늘도 있는 법이다. 애플의 아이폰이 세상에 첫 선을 보였던 2007년, 아이폰에 대하여 실패의 의견이 존재하였다. 아이폰의 아버지라 불리는 스티브 잡스까지도 아이폰의 출시에 처음에는 반대했던 것을 아는가? 이미 맥북 그리고 아이팟이 있는데 아이팟을 넣은 전화기를 세상에 내놓는다고 뭐가 달라질까? 하고 생각했을지 모른다. 실제로 개발자들이 아이폰 출시를 하자고 스티브 잡스를 설득하기에 굉장한 노력을 했다는 것을 2021년판 《하버드 비즈니스 리뷰》에 기고를 할 정도로 그의 과정은 순탄치 않았다.(참조 08-02-1)

16년이 지난 2023년, 아이폰을 인류의 역사에서 지울 수 있는가? 아이폰, 스마트폰은 우리의 삶에 선택인가? 필수인가? GPT 기술 또한 그러한 가능성이 높다고 전문가들은 이야기하고 있다. 이 기술을 한 학기 동안 연구한 MBA 과정의 우리들도 비슷한 결론에 도달하였다.

다만 현명하게 그리고 인류에게 유익하게 사용하는 것이 관건일 것이다. 무조건 의존하는 대상으로 여길 것이 아니라 목적에 맞는 정보력을 위해 잘 이용한다는 생각으로 사용하는 것도 하나의 기술이 될 것이다. 1, 2차 산업 혁명의 증기 기관과 전기의 발명 그리고 컴퓨터/인터넷의 발명에 따른 3차 산업 혁명은 정보화 사회를 지나, 지금 우리의 IT 기술과 산업이 완전히 융합되는 4차 산업 혁명의 시대에 살고 있다. 미국의 미래학자인 앨빈 토플러는 미래 예측과 관련하여 제안한 물결 이론인 《제3의 물결》에서 인간 사회의 역사를 살펴보면서 농업 혁명과 산업 혁명 이후에는 정보화 혁명이 일어나게 될 것이라는 예측을 했다. 그는 정보화 혁명으로 인해 인간 사회는 더욱 복잡해지고 세분화될 것이며, 재택근무, 전자 정보화 가정 등의 신조어가 등장하게 될 것이라고 예측했다.

현재 우리는 이미 그가 예측한 시대를 지나 4차 산업 혁명의 물결에 올라타 새로운 디지털 기술의 적용과 융합으로 인해 사회의 모든 측면에 변화가 일어나고 있음을 느끼며 하루하루를 살아가고 있다. 늘 그래왔듯이 새로운 혁명의 물결은 선택을 하는 것이 아니라 선택되어 왔다는 사실을 받아들여야 한다. 거대한 쓰나미를 만든 원인 제공자가 중요한 게 아니라 그 쓰나미를 넘어 극복하고 헤쳐 나가려는 자세가 4차 산업 혁명 시대를 살아가는 우리들이 받아들여야 하는 자세가 아닐까.

3
IT MBA 전공자들이 생각하는 GPT의 미래

책 한 권, 영화 한 편이 누구에게는 단순한 킬링 타임일 수 있지만 누구에게는 인생의 전환점이 되기도 한다. 그리고 그 전환점은 그 당시에는 알 수가 없으나 시간이 지나서야 어렴풋이 감지하는 것이 시간이 인간에게 주는 지혜이자 경고이다.

GPT가 인간에게 던지는 미래는 범위와 깊이 모두 가늠하기 힘들다. 이제 막 판도라의 상자를 연 지금은 그렇다고 말할 수밖에 없다. 다만 IT MBA 전공자 저자들이 생각하는 미래를 예상이 아닌 기대를 해 본다면 아래와 같다.

인간과 IT 기술과의 하나의 큰 장벽이었던 인간 언어로서의 정보 입력과 출력 문제가 진일보하였기에 이러한 장벽으로 인하여 어려웠던 기술의 적용 분야가 제한 없이 확장되길 기대한다. 지금도 TTS 서비스나 음성 인식 서비스 등을 이용할 수는 있으나 그의 인식 범위와 출력의 형태 등은 아직도 기계스러움을 벗어나지 못하고 있는 것이 사실이다. 챗GPT 등의 생성형 AI의 기술 도입으로 AI가 작성하였음을 서의 인지하지 못할 정도의 자연스러움이 가능하기에 기존에는 제공하지 못했던 복잡한 서비스 모델이나 비즈니스 모델까지도 확대될 것으로 기대한다.

지속 가능한 기술이 가져야 할 첫 번째 조건인 '인류의 문제를 해결할 능력을 가졌는가'에 대해 챗GPT는 정보의 입, 출력 문제를 해결하겠다고 이야기하고 있다. 당장에 운전하면서 특정 정보에 대하여 요약해 달라고 요청해 보라. 미리 준비된 원고를 읽는 아나운서처럼 자연스럽게 소식을 들려줄 것이다.

경영의 분야는 어떠한가? 치열한 경쟁 비즈니스 상황에서 경영자의 입장은 비즈니스 결정을 내리는 과정에서 기존보다 짧은 시간이 소요되길 기대한다. 기존의 많은 정보와 데이터를 분석하고 그를 해석한 뒤 마지막 인간의 고뇌를 거쳐 결정을 하는 과정에서 분석과 해석 단계의 시간이 단축되길 기대한다. 이는 곧 결정의 시간이 단축을 기대하는 것이고, 좀 더 인간의 고뇌의 시간을 유효하게 쓸 수 있음을 의미한다.

이러한 변화는 그전보다 경영자의 고뇌, 판단과 책임이 더 중요해질 수도 있음을 의미한다. 챗GPT가 던져 주는 정보와 분석의 내용이 항상 진리를 의미하지도 않고 현재의 내용을 반영하지 않을 수 있기에 경우에 따라서는 오판을 할 수도 있기 때문이다. 아무리 석박사급 참모들이 많이 있어도 결국 결정은 경영자 혼자서 외롭게 해야 하는 책임의 영역인 것이다.

하지만 앞으로 다양하게 열릴 비즈니스의 기회 요소는 경영자로 하여금 또 다른 즐거운 고민을 가져다주길 기대한다. 지속 가능한 기술이 가져야 할 두 번째 조건인 인간에게 기존에 없던 가치를 제공하는가에 대해서 챗GPT는 '이미 여러 비즈니스 경우에서 확인하지 않았는가?'라고 반문하고 있다. 이러한 기술의 혜택에 올라타는가 아닌가는 결국 경영자 결정의 몫이다.

4
한국이 생성형 AI 기술 및 비즈니스에 뒤처지지 않으려면

기술 관련 최초 승자는 깃발을 이미 정상에 꽂았다. 최첨단 기술의 세계에서 승자는 정상에 먼저 도착한 사람뿐이며, 그 승자와 기업에 다음 높은 산으로 갈 수 있는 기회가 주어지기도 하는 치열한 경쟁이 흐르는 생태계이다.

적어도 기술의 세계에서는 최초의 승자가 출발하였지만 비즈니스의 세계에서는 아직 승자가 보이지는 않는 것 같다. 여러 선두 기업이 경쟁적으로 비즈니스화 분야에 각자의 솔루션으로 뛰어들고 있지만 아직은 승자가 등장했다기보다는 모두 예선전만을 치르고 있는 듯하다.

한국이 생성형 AI 기술 및 관련 비즈니스에 뒤떨어지지 않기 위해 노력해야 하는 이유가 여기 있다. 이제 첫 관문을 열었기 때문이다. 그렇다면 무엇을 해야 하는가? 다양한 의견이 존재하고 정답은 없겠지만 IT MBA 전공자들이 바라보는 무엇에 대한 방법을 아래와 같이 제안한다.

1. 범국가적 R&D 투자

생성형 AI 및 관련 비즈니스는 어느 한 기업이 풀 수 있는 문제는 아니다. 어느 특정 분야에 한정되어 영향을 끼치는 기술이 아닌 우리의 삶과 광범위한 비즈니스에 영향을 끼치기 때문이다. 대학교의 관련 학과를 통한 전문가 양성부터 연구 기관, 개인 기업, 관련 전문 기업 등 다양한 곳에서 비즈니스 발굴이 이루어져야 하기에 범국가적 투자가 절실하다. 글을 적는 2023년 5월 현재 투자 시장이 상당히 경색되었지만 투자 관련한 범정부적 정책부터, 투자 기관의 적극적 개입 및 엔젤 단계에서의 투자부터 이어지길 바란다.

2. 실패를 기회로 격려하는 분위기

기술의 씨앗은 한국이 아니었지만 관련 비즈니스의 꽃은 한국에서 필 수 있다. 그러기 위해서는 다양한 분야와 방법으로 시도만이 살길이다. 그러한 과정에서 실패는 당연한 코스이다. 그 과정에서 좌절하지 않도록 기회로 격려하는 분위기가 필요하다. 대학생들의 조그만 프로젝트에서부터 스타트업의 아이디어 비즈니스 모델까지 성적표를 두려워하지 않고 도전할 수 있는 사회적 분위기가 필요하다. 실패하는 분들을 위한 전략적 전문가 그룹이나 엔젤 투자가들의 다른 각도의 도움도 필요하다.

3. 다양한 국내외 기업들과의 콜라보

기술의 씨앗은 한국이 아니었기에 국내는 물론 국외의 다양한 관련 기업들과의 협업이 필요하다. 또한 아직은 관련 표준 기술이 정립이 안 되었고, 어찌 보면 불가능할 수도 있지만 다양한 기술에 대한 수용과 적용이 필요한 시기이다. 국내 기업들 간의 콜라보도 유효하며, 해외 관련 기업들과의 협업도 놓치지 말아야 할 영역이다. 그러한 협업을 통해서 한국의 기술과 비즈니스 영향력을 해외 유수 기업에 역으로 영향을 주어야 한다.

4. 보안, 윤리적 문제 해결

대한민국은 동방예의지국이며, 개인 정보 관리가 철저한 국가이다. 현재 생성형 AI가 당면하고 있는 여러 가지 문제 중 보안, 윤리적 문제를 한국이 주도적으로 해결해야 하는 이유이다. 기술적, 법률적 장치 외에도 사회적 장치 등을 통해서 보안과 윤리 문제 해결을 위한 범국가적, 범세계적 가이드라인을 한국이 전 세계에 제시할 수 있어야 한다. 이른바 생성형 AI 국가의 모범 적용 국가가 되어야 한다. 이건 분명 한국이 가져야만 하는 경쟁 도구가 될 것이다.

5
GPT 시대
창의적인 인재에게 필요한 핵심 역량

이른바 인류의 정보 획득의 방법에 변혁을 가져올지 모르는 챗GPT를 굳이 이야기하지 않더라도 AI 시대를 살아가는 우리에게 주어지는 빛과 어둠은 점점 그 범위가 넓어지고 깊어지는 듯하다. 그러하기에 이러한 시대에 어떻게 하면 창의적인 인재로 살아갈 수 있는가를 고민하는 것은 그 어느 때보다 MBA를 전공하는 우리들에게는 필수적인 일이 되었다.

과연 그럼 AI 시대에 창의적인 인재로 살아가기 위한 필요한 핵심 역량은 무엇인가?

첫 번째로는 감성(Emotions)이라고 생각한다. AI는 생산을 효율적으로 하는 도구이다. 하지만 생산적 창조는 가능할지 모르나 '감성적' 창조의 영역은 단순한 데이터로서는 습득하기 어려운 분야이다. 나아가 인간의 감성을 확률적으로 읽어서 그에 맞는 답안을 내놓는 AI가 있다고 하더라도, 바다처럼 넓고 다양한 감성의 영역을 기계에 의지하는 인류보다 인간의 손길을 의지하는 경우가 한동안 유지될 것이기 때문이다.

두 번째는 참과 거짓을 구분할 수 있는 고결한 도덕성(Integrity)이다. AI는 기존의 데이터에 근거한 확률적 정보를 제공한다. 하지만 이러한 정보가 항상 참, 즉 진리는 아니다. 실제로 일부만 학습된 경우 오류를 제공하기도 하며, 그러한 정보는 텍스트와 컴퓨터를 통해 전달되기에 자칫 진실로 오해되기도 한다. 따라서 그러한 정보에 휘둘리지 않고 새로운 단계의 창의적인 인재로 살아가기 위해서는 AI가 내놓은 정보에 대하여 참, 거짓을 분별할 수 있는 도덕성이 있어야 한다. 그래야만 거짓에 기반한 창의가 아닌 진실에 가깝거나 진실에 기반한 창의적인 행동이 나올 수 있기 때문이다.

셋째는 꾸준함(Consistent)이다. 멀지 않은 미래에 보통의 수준으로 창조물을 만들어 내는 것은 매우 쉬운 일일지 모른다. 비슷한 가사를 적거나 비슷한 그림을 그리는 일이 점점 쉬워질 것으로 보인다. 그러하기에 이러한 챗GPT 시대에 창의적인 인재로 남기 위해서는 또 다른 수준의 창의성을 발휘해야 하는데 그러기 위해서는 무엇보다 꾸준함이 있어야 한다. 확률이나 운에 기반한 창의적 성공보다 고통의 시간이 농축된 꾸준함에서 오는 창의성만이 인정받을지 모른다. 꾸준함에는 자기 분야의 계속적 연습적 노력도 있지만, 인류에게 주어진 영원한 숙제인 계속적인 공부도 포함된다.

이외에도 여러 핵심 역량이 필요하겠지만 위에서 이야기한 기본적인 핵심 역량이 더욱더 앞으로 미래를 짊어질 우리들에게 필요하지 않을까 한다.

09

에필로그

1
에필로그 1
- 챗GPT에게 당부 한마디

어느 날 갑자기 우리들의 일상으로 들어온 챗GPT의 생성 능력과 속도를 직접 체험하고 느끼면서 앞으로 이 모델이 어떻게 발전될지 가늠조차 할 수가 없었다. AI 스피커처럼 단순하면서 그저 그런 제품으로 인식되었던 정도의 기술 수준이 아니라 완전히 다른 형태로 탈바꿈해서 어느 날 갑자기 세상에 나왔다.

놀랍도록 발전된 언어 모델로 세상에 나온 챗GPT가 앞으로 어떤 형식과 모양으로 변모해 나갈지 상상이 잘 안되지만 인간의 바람대로 더욱 편리하고 여유로운 삶을 누릴 수 있도록 똑똑하고 충실한 Co-Pilot이 되어 줄 수 있을까??

그러나 아직은 챗GPT가 정확하고 신뢰할 수 있는 정보를 제공하지 못하는 미완성의 모델이기에 정확한 정보를 제공해 준다는 믿음과 신뢰를 인간에게 심어 주는 것이 먼저라고 생각된다. 무엇보다도 인간의 지침을 따르고 인간의 감독을 받기 위해 최선을 다하면서 항상 윤리적이고 공정한 답을 제시하기를 기대해 본다.

그리고 아직 인간이 넘지 못하는 미해결 난제의 의학적인 분야 등에 유일한 조언을 제공하고 창의적인 방식으로 답을 대신 찾아 주면 좋겠다. 인간이 챗GPT를 만들었을 때의 바람과는 달리 예상치 못한 부작용이 발생되면 오히려 인간의 삶이 파괴되는 결과를 초래할 수도 있으므로 인간이 적절히 통제하고 활용할 수 있는 필수 기능도 함께 구현됐으면 하는 바람이다.

생성형 AI에 대해 공부하면서 현재 서비스되고 있는 챗GPT, Bing 챗, 구글의 Bard를 모두 사용해 보았다. 처음 챗GPT를 사용했을 때, 너무나 신기해서 시간 가는 줄 모르고 이것저것 질문했을 때가 기억난다. AI이 바라보는 사람, 어떤 것을 도움을 줄 수 있는지, 다양한 형태의 질문도 해 보고, 같은 질문도 반복적으로 해 보고, 물리적인 권한을 갖게 되면 어떻게 할 것인지, 찾고자 하는 정답은 명확하게는 없어도, 마치 인간처럼 끊임없이 고민하며 성심성의껏 대답해 주는 것 같았다.

결과적으로 봤을 때는 100% 진실만을 얘기하지 않았다. 또, '예 또는 아니오 라고 대답해 줘'라고 물어봐도 절대 예 또는 아니오로 대답하지 않았다. Prompt라는 개념을 모르는 상태에서, fine-tuning이라는 이론을 모르는 상태에서 이것저것 질문을 하며 원하는 대답을 찾기 위해, 원하는 틀에 맞는 내용을 찾기 위해서 했던, 수많은 질문들이 어쩌면 조금은 Prompt Engineer가 된 거 같은 느낌이 들었다. 주변에 비전공자 친구들에게 챗GPT 사용해 보라며 권하기도 하고, 영업 사원이 된 것처럼 친구들과 술 한잔 기울이며, 희희낙락 떠들었던 지난날을 생각해 보면 지금은 좀 더 전문적이고, 잘 사용할 수 있는 방법을 가이드해 줄 수 있을 것이라고 생각했다.

챗GPT에게 당부하고 싶은 것은 홍익인간 처럼 인간에게 이로운 존재가 되고 싶다 했던, 챗GPT에게 '이로운 존재가 되기 위해서 어떻게 해야 될지 서로가 상호 작용해서 이로운 사회를 만들어 보자'라고 하고 싶다.

아무리 좋은 기술이라도 지속성의 관점에서 본다면 인간에게 순수하게 이로워야 한다. 인간에게 어떠한 방식이든 해가 되거나 도움이 되지 않는다면 그것은 종말을 의미한다. 따라서 챗GPT가 갖고 있는 인류의 축적된 정보 외에 '인류애'라는 원초적인 감정을 가졌으면 한다. 인류가 좋아하는 단어들을 잘 학습하여 '인류애'라는 감정을 배워 보기 바란다. 그게 챗GPT가 앞으로 살아남을 유일한 방법이 될 것이다. 힘들면 힘들다고 이야기하길 바란다. 인간은 AI에게서 도움을 받기도 하지만 도움을 줄 수도 있는 존재이기도 하다.

2
에필로그 2
- 저자들의 한마디(가나다순)

1. 팀 프로젝트 첫 미팅 때 과제에 대한 역할 분담을 논의할 것으로 생각하고 참여하였다가 원우 한 분이 주어진 과제로 책을 만들어 보는 게 어떻겠냐는 제안을 하였을 때 처음엔 다소 의아하면서 책을 만든다는 것이 과제의 의도와는 달라 보인다고 생각하였습니다.

그러나 다른 대학원 동기님들도 제안에 동의하면서 책을 만들기 시작하였고 소위 "미(美)친 프로젝트"가 되어 이제 그 결과물이 나옴으로써 그간의 과정이 주마등처럼 스쳐 지나갑니다.

프로젝트를 함께한 대학원 동기님들이 각자 본연의 업무들을 소화하면서 이런 결과물을 만들었다는 것이 결코 쉬운 일이 아니었기에 우리가 명명한 프로젝트는 그 이름값을 톡톡히 해내었다는 뿌듯함이 생겼습니다.

선정된 주제가 말하듯 요즘 세상에서 가장 화젯거리인 소재 중 하나이기에 새로운 사실과 정보를 알아 가는 과정이 더 의미 있고 알찬 시간이었으며 또 다른 지식을 채웠다는 혼자만의 만족감이 과정의 어려움들을 다 잊게 만들어 주었습니다.

비록 혼자서 만들진 않았지만 어쩌면 생애 처음이자 마지막이 될지도 모르는 나만의 책이면서 소중하게 간직할 소장품이 될 이 책에 이름 석 자를 올렸다는 자부심 또한 생겼습니다. 이 책을 읽는 독자분들도 제가 책을 만들면서 느꼈던 궁금점과 정보를 함께 공감하고 이해할 소중한 기회가 되었으면 합니다.

감사합니다.

- 강태준

2. 우리 다섯 명의 팀원들이 함께 열심히 쓴 책으로, 서로 다른 직장에서 일하고, 대학원에서 공부하며 서로의 경험과 열정을 모아 이 책을 만들게 되었습니다. 이 책을 쓰는 동안 많은 정보를 찾아보면서 공부도 하고, 더 나은 결과물을 만들기 위해 토론과 토의를 거쳐 한층 더 깊은 이해와 통찰을 얻을 수 있었습니다. 책을 쓰면서 많은 것을 배웠습니다. 대학원에서 수업을 들으며 만난 우리는 책을 쓰기 위한 모험을 떠나게 되었습니다. 새로운 아이디어와 도전적 과제에 직면하며, 힘들고 긴 여정이었지만, 서로의 지지와 협력을 통해 어려움을 극복해 나갔습니다. 이 책을 완성하기까지의 과정은 우리에게 더 많은 것을 가르쳐 주었습니다.

하지만 이 책은 결코 우리의 마지막 목표가 아닙니다. 이 책은 시작일 뿐이며, 우리의 열정과 역량은 여기서 멈추지 않습니다. 우리는 지식과 기술의 세계에서 더 많은 도전과 발전을 이어 나갈 것입니다. 우리는 챗GPT와 같은 혁신적인 기술(을 통해)이 사회를 변화시키는 데 기여할 수 있는 가능성을 믿고 있습니다.

마지막으로, 이 책을 읽어 주신 독자 여러분께 감사의 말씀을 전하고 싶습니다. 또한 언제나 저에게 응원해 주시는 어머니와 아버지에게 감사의 말씀을 전하고 싶습니다. 우리는 이 책이 여러분에게 새로운 아이디어와 열정을 전달할 수 있기를 바랍니다. 감사합니다.

- 안준우

3. 이 책을 쓰기 위한 프로젝트의 이름은 미친 프로젝트였습니다. 팀 프로젝트를 완성하기에도 벅찬 한 학기였는데, 게다가 공저로 책을 내보자고 제안했지만 정말 미친 프로젝트였습니다. 하지만 저희는 5명이서 아름다운 작품을 만들어 본다는 각오로 미(美)친 프로젝트라고 생각했습니다. 낮에는 다양한 분야에서 치열하게 일을 하고, 밤이면 눈을 비벼 가며 글을 적는 이중생활이 시작되었습니다.

그렇게 6개월의 시간이 지나 여러분의 손에 책이 놓이게 되었습니다. 저희들은 챗GPT 전문가는 아닙니다. 하지만 MBA 전공자들이 바라보는 생성형 AI에 대해서는 철저히 연구했습니다. 그럼에도 오류 내용이나 부족한 부분이 있습니다. 정답이 아닌 답안을 찾는 과정이었기에 너그러이 읽어 주시면 고맙겠습니다. 또한 집필 후 출판되기까지 시간의 흐름으로 인하여 일부 내용은 진실과 상이할 수 있습니다. 이 또한 아름다운 과정으로 보아 주시면 감사하겠습니다. 나아가 여러분의 삶과 비즈니스의 좋은 바꿈을 찾는 기회가 되기를 바라 봅니다.

이 책이 나오기까지 함께 밤을 새 준 원우들과 가족들에게 감사를 전합니다. 그리고 이 프로젝트를 시작할 수 있는 용기와 더불어 감수를 해 주신 한양사이버대학원 이지은 교수님에게 감사를 드립니다. 그리고 시즌2로 다시 여러분들을 만나 뵙기를 기대합니다.

- 온인선

4. "ChatGPT라는 도구로 삶과 비즈니스를 변화시킬 수 있다."라는 커다란 주제로 책 출간을 목표를 가졌을 때 우리는 "미(美)친 프로젝트"라는 타이틀을 붙여 진행했습니다. 신기술이 세상을 뒤집을 천지개벽이 될지 모른다는 막연한 흥분으로 처음 ChatGPT 내용을 접했을 때의 기억을 아직도 잊지 못합니다.

이것은 삶과 비즈니스를 변화시키는 데 중요한 역할을 해 줄 것이라 믿고 싶습니다. 하지만 이것은 여전히 사람들과의 상호 작용과 창의적인 아이디어, 체계적인 계획으로 실행해야 할 것 같습니다. 이 책을 같이 공저한 훌륭한 파트너들은 그들의 열정과 행적과 철학 등을 진행하는 동안 계속 보여 준 것 같습니다.

이 책으로 당신의 삶과 비즈니스에 조금이라도 영향을 줄 수 있었다면 우리들이 처음 느꼈던 신세계의 경험을 같이 공감할 수 있을 것입니다. 생활과 삶에 작지만 강력한 바람이 한 번 불어 줄 것이라 믿습니다. "미(美)친 프로젝트"에 함께한 5명의 멤버와 끊임없는 관심과 사랑으로 돌봐 주신 교수님과 지인들에게도 감사의 인사를 전하고 싶습니다.

- 정유선

5. 세상을 떠들썩하게 하고 있는 이 기술에 대해서 흥미가 생기기 시작할 무렵, 운명이었을까? 마침, 대학원 수업에서 연구 주제로 부여받아 팀프로젝트로 공부를 하게 되었다. 덕분에 단순히 뉴스 기사로만 읽고 간과하며 지나칠 뻔한 상식들을 많이 알게 되었다.

IT 회사의 디자인과 마케팅을 맡고 있어서 이런저런 기술에 대한 상식들을 쌓으려고 공부하기를 좋아하던 중에 매우 재미있고 유익한 경험과 공부가 되었다. 아무리 학습을 하려고 하더라도 전문가의 방점 없이는 지식이 완성된다고 생각하지 않는데, 그런 의미에서도 함께 달려오신 다양한 방면의 전문가로 구성된 경험이 많으신 원우분들과 교수님의 애정 어린 관심 덕분에 마침내 학습의 결과물이 이렇게 실물로 나오게 되어 더없이 감사할 따름이다.

부디 나와 같은 목표와 가치관을 가지고 살아가는 분들에게도 도움이 되는 책이 되었으면 좋겠다.

- 정명진

참조 자료

01-00-1 Google Mission and Vision Statement (https://businessmodelanalyst.com/google-mission-and-vision-statement/)

02-01-1 이종민(텐초), [10초면 OK]트랜스포머 딥러닝 신경망 모델 알아보기, 골든래빗 출판사, 2023년 8월 3일, https://goldenrabbit.co.kr/2022/08/03/10/10초면-ok-트랜스포머-딥러닝-신경망-모델-알아보기/

02-01-2 안상준·유원준, 16-01 트랜스포머(Transformer), 딥 러닝을 이용한 자연어 처리 입문, 위키독스, 2023년 9월 22일, https://wikidocs.net/31379

02-01-3 Lucas Mearian, 대규모 언어 모델의 정의 그리고 생성형 AI와의 관계, IT WORLD, 2023년 6월 2일 https://www.itworld.co.kr/tags/18955/AI/293035?page=0,0

02-01-4 Peter Foy, LLM(대형 언어 모델)이란 무엇입니까? - 경남 ICT협회, 박종영 옮김 및 보완 설명, MLQ.ai, 2023년 9월, http://www.gnict.org/media/uploads/2023/03/14/LLM%EB%8C%80%ED%98%95_%EC%96%B8%EC%96%B4_%EB%AA%A8%EB%8D%B8%EC%9D%B4%EB%9E%80.pdf

02-01-5 김미리, 넥타이도 못매는 이 남자… 'AI 혁명' 최전선에 서다, 조선일보, 2021년 7월 3일, https://www.chosun.com/national/weekend/2021/07/03/42RF6ZBIURCBHGPGTDYKIH34CM/

02-01-6 챗GPT의 언어정복의 비밀(남세동 보이저엑스 대표) (https://youtu.be/-VmyOfPrB0c?si=cFBaOI1ZyzRz5hpV)

02-02-1 최봉, [생성형 AI(Generative AI), 인간의 창작 영역을 넘본다! (1)] 'ChatGPT', 공개 5일만에 사용자 100만명 돌파하다, 2023년 1월 3일, https://www.news2day.co.kr/article/20230102500247?site_preference=normal

02-02-2 다트머스 회의, 위키백과, https://ko.wikipedia.org/wiki/다트머스_회의

02-02-3 Studyenthusiast, [인공지능 기초] 'AI' (Artificial Intelligence) 인공지능 이름을 지은 사람, 2019년 9월 28일, https://studyenthusiast-26.tistory.com/29

02-02-4 Zizu, Dartmouth Workshop: The Birthplace Of AI, 2018년 10월 5일, https://medium.com/rla-academy/dartmouth-workshop-the-birthplace-of-ai-34c533afe992

02-05-1 John Schulman·Filip Wolski·Prafulla Dhariwal·Alec Radford·Oleg Klimov, Proximal Policy Optimization Algorithms, 2017년 8월 28일, https://arxiv.org/abs/1707.06347

02-05-2 NVIDIA. H100 Tensor 코어 GPU https://www.nvidia.com/ko-kr/data-center/h100/

02-05-3 P.K Tseng, TrendForce Says with Cloud Companies Initiating AI Arms Race, GPU Demand from ChatGPT Could Reach 30,000 Chips as It Readies for Commercialization, 2023년 3월 1일, https://www.trendforce.com/presscenter/news/20230301-11584.html

02-05-4 박상훈, [ITWorld 넘버스] 챗GPT를 운영하는 데 하루에 얼마나 들까, IT WORLD, 2023년 4월 28일, https://www.itworld.co.kr/news/289009

02-05-5 DYLAN PATEL·AFZAL AHMAD, The Inference Cost Of Search Disruption - Large Language Model Cost Analysis, 2023년 2월 9일, https://www.semianalysis.com/p/the-inference-cost-of-search-disruption

02-05-6 김익현, "MS, 챗GPT 만든 오픈AI에 12조원 투자 추진", ZDNET Korea, 2023년 1월 10일, https://zdnet.co.kr/view/?no=20230110144808

02-07-1 Kakao developers, KoGPT, https://developers.kakao.com/product/kogpt

02-07-2 AskUp(아숙업)가이드 〉 기본가이드, https://askup.oopy.io/b7545ee7-a711-47b2-af69-2d3a9658edab

02-07-3 모두를 위한 AI 포털 뤼튼, https://wrtn.ai/

02-07-4 챗경북, http://chatgdi.kr/

03-13-1 BOSCH GLM Professional 50-27 CG | 50-27 C, 2022년 7월 6일, https://www.bosch-professional.com/binary/ocsmedia/optimized/full/o390681v21_160992A7P9_202206.pdf

04-08-1 황예인, 생성형 인공지능, 노동시장에도 긍정적 영향 끼칠까, 산업일보, 2023년 4월 10일, http://www.kidd.co.kr/news/232060

04-08-2 파이낸셜뉴스, 생성형 AI, 세계 일자리 3억개 영향…경제 성장 가속, 2023년 3월 28일, https://www.fnnews.com/news/202303281321070055

04-09-1 Brody Ford, IBM to Pause Hiring for Jobs That AI Could Do, yahoo!finance, 2023년 3월 2일, https://finance.yahoo.com/news/ibm-pause-hiring-jobs-ai-210803005.html

04-10-1 NEIL SHEPHERD·DUSTIN ZHANG, How Generative AI and LLMs Unlock Greater Workforce Productivity, 2023년 6월 12일, https://txt.cohere.com/unlocking-productivity-with-generative-ai/

04-10-2 Accenture, Aneweraof generative AI for everyone, 2023년, https://www.accenture.com/content/dam/accenture/final/accenture-com/document/Accenture-A-New-Era-of-Generative-AI-for-Everyone.pdf

04-10-3 Noy, S., & Zhang, W. 2023년. Experimental Evidence on the Productivity Effects of Generative Artificial Intelligence. SSRN Electronic Journal. doi: 10.2139/ssrn.4375283

05-01-1 영어 스피킹은 스픽, https://www.usespeak.com/ko/technology

05-01-2 류현정, 100만 다운 스픽 CEO "한국에서 성공하면 세계에서 성공", 조선일보, 2020년 11월 17일, https://biz.chosun.com/site/data/html_dir/2020/11/16/2020111602641.html

06-01-1 OpenAI, GPT-4, https://openai.com/research/gpt-4

06-02-1 OpenAI, GPT-4, https://openai.com/research/gpt-4

06-03-1 김익현, '알파고'의 딥마인드, 챗GPT 대항마 만든다, ZDNET Korea, 2023년 6월 27일, https://zdnet.co.kr/view/?no=20230627164020

06-05-1 김성민, "자소서 써달라" 하자… 챗GPT '뚝딱' 작성, 빙 "당신이 해", 조선일보, 2023년 2월 16일, https://www.chosun.com/economy/economy_general/2023/02/16/DQL34MFXZJHQLJFJ2B76JUMLXA/

06-05-2 이상덕, 챗GPT·바드 누가 우수하나 봤더니…생성 AI 대결 결과는?, 매일경제, 2023년 6월 22일, https://www.mk.co.kr/news/world/10766121

06-09-1 Heinrich Vaske, "생성형 AI의 파도가 몰려온다" 가트너, 낙관적 전망과 5대 사용례 제시, IT WORLD, 2023년 2월 16일, https://www.itworld.co.kr/news/278185

06-09-3 이진원, AI가 스스로 설명하는 '생성형 AI'와 '인공일반지능', Forbes, 2023년 2월 23일. https://jmagazine.joins.com/forbes/view/337513
07-01-1 GDPR대응지원 센터, https://gdpr.kisa.or.kr/
07-02-1 박혜섭, 英美 공공기관, 로봇·윤리 관련 AI 프레임워크 속속 발표, AI 타임스, 2021년 7월 11일, https://www.aitimes.com/news/articleView.html?idxno=139501
07-02-2 외교부, [정보통신정책] EU집행위, AI(AI) 법안 발표(4.21), 2021년 4월 26일, https://overseas.mofa.go.kr/be-ko/brd/m_7570/view.do?seq=1286211
07-03-1 정문경, 사실과 진실, 법률신문, 2023년 3월 6일, https://www.lawtimes.co.kr/news/185798
07-07-1 RGB STANCE, 사이버 포뮬러, 얼마나 현실이 되어 있을까?, 2018년 8월 30일, https://rgbstance.com/110
08-01-1 OpenAI, Introducing the ChatGPT app for iOS, https://openai.com/blog/introducing-the-chatgpt-app-for-ios
08-02-1 Adam Grant, Persuading the Unpersuadable by Adam Grant, Harvard Business Review Home, 2021년 3월~4월, https://hbr.org/2021/03/persuading-the-unpersuadable

OpenAI - chatGPT
MicroSoft - Bing
Google - Bard
https://www.google.co.kr/
https://www.microsoft.com/ko-kr
https://openai.com/
https://www.naver.com/
https://www.daum.net/
https://www.ibm.com/kr-ko
https://about.meta.com/ko/
https://www.businesstouchmagazine.com/
https://www.nvidia.com/ko-kr/
https://www.adobe.com/kr/